法治第三方评估场域及其实践逻辑

张 玲 著

上海大学出版社
·上海·

图书在版编目(CIP)数据

法治第三方评估场域及其实践逻辑/张玲著.—上海：上海大学出版社,2020.1
ISBN 978-7-5671-3757-8

Ⅰ.①法… Ⅱ.①张… Ⅲ.①法治-研究 Ⅳ.①D033

中国版本图书馆CIP数据核字(2019)第275919号

责任编辑 傅玉芳
封面设计 柯国富
技术编辑 金 鑫 钱宇坤

法治第三方评估场域及其实践逻辑

张 玲 著

上海大学出版社出版发行
(上海市上大路99号 邮政编码200444)
(http://www.shupress.cn 发行热线021-66135112)
出版人 戴骏豪

*

南京展望文化发展有限公司排版
上海颛辉印刷厂印刷 各地新华书店经销
开本 890mm×1240mm 1/32 印张7 字数182千
2020年1月第1版 2020年1月第1次印刷
ISBN 978-7-5671-3757-8/D·222 定价 38.00元

目 录

第一章　导论 …………………………………………………………… 1
　第一节　选题缘起及研究意义 ………………………………………… 1
　　一、选题缘起 ……………………………………………………… 1
　　二、研究意义 ……………………………………………………… 5
　第二节　文献综述 ……………………………………………………… 7
　　一、国外法治评估研究 …………………………………………… 7
　　二、国内法治评估研究 …………………………………………… 9
　　三、法治评估的相关研究领域 …………………………………… 19
　　四、研究不足与趋势述评 ………………………………………… 27
　第三节　概念界定及研究框架 ………………………………………… 28
　　一、概念界定 ……………………………………………………… 28
　　二、研究框架 ……………………………………………………… 33
　第四节　理论视角与研究方法 ………………………………………… 35
　　一、理论视角 ……………………………………………………… 35
　　二、研究方法 ……………………………………………………… 38
　第五节　样本选取与资料来源 ………………………………………… 38
　　一、样本选取 ……………………………………………………… 38
　　二、资料来源 ……………………………………………………… 39
　第六节　研究创新与研究不足 ………………………………………… 39

一、研究创新点 ………………………………………… 39
　　二、研究不足 …………………………………………… 40

第二章　Z区法治建设及法治第三方评估概览 ……… 41
第一节　Z区基本情况简介 …………………………… 41
　　一、建制沿革与行政区划 ……………………………… 41
　　二、经济结构及运行情况 ……………………………… 42
　　三、社会发展状况 ……………………………………… 44
第二节　Z区法治建设的基本情况 …………………… 45
　　一、组织结构与职能设置 ……………………………… 45
　　二、法治城区创建与重点工作项目 …………………… 46
　　三、Z区法治建设特点分析 …………………………… 52
第三节　Z区法治第三方评估实践概览与特点分析
　　（2009—2013）………………………………………… 54
　　一、2009—2013年法治第三方评估概览 …………… 55
　　二、Z区法治第三方评估的实践特点与变迁脉络…… 57

第三章　法治第三方评估场域的前驱动 ………………… 61
第一节　面向市场经济的行政压力 …………………… 61
　　一、社会问题显著且顽固 ……………………………… 62
　　二、公民意识的觉醒与诉求 …………………………… 65
　　三、显化的传统管理模式困境 ………………………… 67
第二节　国内外法治评估运动的文化渲染 …………… 70
　　一、社会指标运动的发展 ……………………………… 71
　　二、西方法治指数的兴起与传播 ……………………… 72
　　三、中国法治指数的地方实践 ………………………… 74
第三节　诉求与法治第三方评估的决策机制 ………… 77
　　一、评估诉求与模仿机制 ……………………………… 77

二、压力消解诉求与答案导向决策机制 ………………… 79
三、公众满意度诉求与效率机制 ……………………… 81

第四章 法治第三方评估场域的客观运作与网络型构 …… 84
第一节 第三方评估机构的考量与选择 ……………………… 85
一、评估团队负责人的学术能力与社会声望 …………… 85
二、科研机构所在高校的层级与学科优势 ……………… 87
三、评估团队的成员构成 ………………………………… 89
第二节 第三方评估团队的专业入场 ………………………… 92
一、理论视角的选择 ……………………………………… 92
二、评估方法与专业技术 ………………………………… 94
三、与评估委托方的对接及意义 ………………………… 99
第三节 法治第三方评估场域的结构与特征 ………………… 100
一、评估场域的多元主体与资本 ………………………… 100
二、评估场域的关系结构与互动模式 …………………… 102
三、评估场域的基本特征 ………………………………… 106

第五章 法治第三方评估场域的行动逻辑与形式化 …… 109
第一节 兴奋与压力并存——倒逼思维下的气氛 …………… 109
一、评估初期：兴奋感与积极行动 ……………………… 110
二、评估中期：日渐攀升的集体式压力感 ……………… 115
第二节 保守、被动与妥协——压力之下的策略选择 ……… 119
一、被评估单位的保守 …………………………………… 120
二、社会评价主体的被动 ………………………………… 122
三、第三方评估机构的妥协 ……………………………… 124
第三节 评估日渐形式化——弱批判后的显然结果 ………… 127
一、评估面相浮于表面 …………………………………… 127
二、描述轻且反思不足 …………………………………… 129

三、评估结果缺乏有效接纳 …………………………… 134

第六章　形式化的又一个案：余杭法治指数 …………… 139
第一节　"余杭中泰垃圾焚烧厂事件"与余杭法治指数 ……… 140
一、"余杭中泰垃圾焚烧厂事件"简述 ………………… 140
二、余杭法治指数 ………………………………… 141
第二节　从评估操作过程看法治评估的内容效度 ………… 144
一、指标体系的构建 ……………………………… 145
二、评估信息的获取 ……………………………… 149
三、数据处理的方式 ……………………………… 150
第三节　从评估结论的对比分析看法治评估的结果效度 …… 152
一、问题的对比剖析 ……………………………… 152
二、建议的对比剖析 ……………………………… 155
三、问题建议对比分析的结论 …………………… 157
第四节　评估效度有限的表现与原因 …………………… 158
一、评估深度有限及原因 ………………………… 158
二、评估结果影响有限及原因 …………………… 159

第七章　法治第三方评估场域的认同与进阶 …………… 162
第一节　法治第三方评估场域的发生条件已备 …………… 163
一、根基土壤：宏观层面的制度条件 …………… 163
二、直接养料：中观层面的体制条件 …………… 167
三、法治园丁：微观层面的主体条件 …………… 171
第二节　法治第三方评估场域的形式价值已显 …………… 173
一、评估程式理性化的价值 ……………………… 174
二、评估过程民主参与的价值 …………………… 175
三、评估实践常规化的价值 ……………………… 177
第三节　法治第三方评估场域的进阶方向 ………………… 178

一、正确认识法治第三方评估的平台本质 ………… 178
　　二、勇于突破传统惯习 …………………………… 181
　　三、重新界定第三方评估机构的权限与职责 ……… 182
　　四、遵循交往理性原则改进评估技术 …………… 184
　　五、突破接纳瓶颈构建系统的评估运行保障
　　　　机制 ……………………………………………… 187

第八章　结语 …………………………………………… 190

附录一　访谈计划及提纲 ……………………………… 196

附录二　接受访谈者基本情况一览表 ………………… 199

参考文献 ………………………………………………… 200

后记 ……………………………………………………… 209

第一章 导 论

第一节 选题缘起及研究意义

一、选题缘起

总结诸次评估存在的共性发现,目前高校社会科学的科研机构所承接的评估,其委托方基本以政府相关部门为主,而第三方则作为专家角色被委托、被期待,并在新的政社关系背景下去实施评估。到目前为止,委托第三方评估的相关部门已有人大机构和政府系统、司法系统等,并以"独立、专业、客观"为特征。从布迪厄的社会实践理论来看,第三方的入场形塑了一个全新的评估场域,这个场域有着多元主体参与,各主体带着各自的惯习与资本在这个临时搭建的特殊场域中实践。而评估实践则以原有场域为基础,是对原场域的系统考察与反思。但是,由于评估对象的不同,在评估场域活动的主体要素及主体间的关系均有较大差异,因而通过评估研究所揭示的实践逻辑也不同,对历次评估的再研究所起的价值也不同。笔者希望通过本书来完成对法治第三方评估场域实践逻辑的研究,且这一研究立足于法治的中国化、现代化与全球化,更是立基于鲜活丰富的地方法治实践。

纵观中国特色社会主义法治道路的确立历程,迄今有几个特别重要的时间节点和决策:① 1978年十一届三中全会拉开了人治向法治转型的序幕;② 1997年党的十五大报告正式提出"依法治国"理念;③ 1999年正式将"依法治国,建设社会主义法治国家"写入党章和宪法;④ 2004年国务院颁布的《全面推进依法行政实施纲要》提出用10年左右时间基本实现建设法治政府的目标;⑤ 2012年党的十八大报告再一次明确到2020年要实现"法治政府基本建成"的目标;⑥ 2013年十八届三中全会更是确立了法治中国、法治政府、法治社会三位一体的法治建设战略;⑦ 2014年十八届四中全会专题讨论"依法治国";⑧ 2017年党的十九大报告更是描绘了建设中国特色社会主义法治体系、建设社会主义法治国家的宏伟蓝图。其中,特别值得重视的是十八届三中全会与十八届四中全会。十八届三中全会审议通过了《中共中央关于全面深化改革若干重大问题的决定》,进一步明确了建设"法治中国"的理念,并称"建设法治中国,必须坚持依法治国、依法执政、依法行政共同推进,坚持法治国家、法治政府、法治社会一体建设"。十八届四中全会则构建了最新最全的中国法治路线图——"一个总目标、六大任务",即"建设中国特色社会主义法治体系,建设社会主义法治国家"的总目标,"完善以宪法为核心的中国特色社会主义法律体系,加强宪法实施;深入推进依法行政,加快建设法治政府;保证公正司法,提高司法公信力;增强全民法治观念,推进法治社会建设;加强法治工作队伍建设;加强和改进党对全面推进依法治国的领导"等六大任务,这一举措基本完成了法治建设的顶层设计。至此,法治在我国的发展脉络大致可以描绘成:从人治到法制,从法制到法治,法治从辅助角色到战略核心。

再反观地方法治实践,无论是体制架构还是制度设计都紧跟中央指令,在这样一种自上而下的政策推动下,地方法治建设的基本框架是相似的。但是毕竟中央层面并不能事无巨细,只能是原则性和方向性的指引,具体部门尤其是基层政府需要创新工作思维和工作方式以保证目标的实现。为此,地方法治创新层出不穷,且因经济与社会条件的不同,地区间存在差异也是在所难免的,出现了学界所界定的"转型期部分地区的先行法治化",即付子堂教授所总结的始于2010年前后,典型提法"法治××",如法治浙江、法治广州、法治江苏等的地方法治建设新阶段,这一阶段有别于2000年前后的"依法治×"①。前一阶段带有"官治民"的传统统治型潜意识,后一阶段在实践中更加注重创新社会管理方式,尤其倡导政府、公众多元主体"治理"理念,因此在具体工作机制的创新中更加注重与国际接轨,指数式的法治评估即是其中一例,但如何做到"先行法治化的恰当评估"是一项考验智慧与勇气的创新事业。大部分地区受制于传统的社会管理思想,依旧拒斥社会,害怕结果有损政府权威,因而将评估工作封闭化,进行内部操作。

此种操作方式当然我们也不能完全否定,但它确实不符合一个服务型政府、透明政府、责任政府的应有之意,因此向开放化转型是必然的。浙江余杭、上海闵行、江苏无锡、四川成都、重庆等地则开拓创新,成为首批与高校科研机构等第三方合作的先行区域,这有赖于地方政府向社会开放的决心以及对区域法治建设成效的信心。中国司法部研究室主任兼研究所所长王公义就对无锡市首创的全国法治城市第三方评估体系给予了高度评价,认为无锡市将法治城市的创建评测工作委托给独立的第三方评估团队,充分表明了其"敢于亮相的勇气和决心","必将对全社会法治建设发展产生有力的推动作用"②。政府与第三方的合作之所以可能,其背后的支撑是改革开放以来政社关系与互动模式的转变。政府不再大包大揽,为社会力量的成长提供了空间。面对政府的需求,第三方有能力进行承接,可以提供政府所需的法治评估服务。当然,第三方进行法治评估受托于政府,意在推进政府的法治工作,然而法治评估的终极受益对象当是

---

① 付子堂."先行法治化"需要恰当的评估[N].北京日报,2012-09-03.
② 无锡首创全国法治城市第三方评估体系[N].江苏法制报,2012-07-23.

政府的服务对象即广大的人民群众。作为地方法治的重要创新,法治第三方评估近年来成为地方政府的热门项目,也成了学界的热门研究课题。本研究关注的问题为第三方评估是如何通过公共平台的搭建来推动民众参与政治生活,进而真正推动民主政治建设的。

考察各地的法治第三方评估实践可知,评估工作确实在地方法治建设推进中发挥了一定的功效,法治意识增强了,对法治的重视程度加大了,法治建设的具体举措得到了完善。但是再深一步调查发现其形式意义远大于其实质意义。由于评估所涉主体繁多,尽管司法局作为评估的主导方极具"敢于亮相的勇气和决心",但是其他委办局是否真正有意愿有勇气对外开放?尽管公众被作为重要的评价主体,但他们是否有意识有能力有渠道充分地参与?尽管第三方评估团队力争评估效果,但它是否真的有条件做到"专业、独立和公正"?诸如此类的问题正制约着法治评估实现大众对它所期待的"有力推动",而现实情况往往是法治第三方评估并没有对法治建设起到实质的推动作用,正如某位司法局依法治区办的工作人员所评价的"法治评估就是司法局在自娱自乐"。为何第三方评估逐渐流于形式?如何克服第三方评估的困境?笔者从这两个现实问题出发,开启了本研究对第三方法治评估的系统考察。

当第三方评估团队被选定并入场后,以民主法治为核心的多元、开放的评估网络便逐渐形成,改变了以往封闭的内部评估结构。在这个复杂的网络中,相关主体置于同一评估场域,带着各自特定位置的资本与惯习共同参与评估实践,且主体间的关系及互动直接作用于评估,影响评估运行及其效能的发挥。因此,考察场域内各主体间的关系是发现评估表层背后真实实践逻辑的有效途径。进一步将实证研究所发现的实践逻辑与理论逻辑进行对照,辩证地思考,才能理解法治评估出现悖论的真正根源,才能解答理想为何落空,才能为正确对待并正确运用法治第三方评估这一创新工作机制提供有效建议。因此,在学界热衷于研究法治指标体系的当下,本书另辟蹊径,以法治第三方评估现象为研究载体,通过考察法治第三方评估的启动、执行与接纳各阶段,全面揭示法治第三方评估的真实逻辑。法治第三方评估场域各主体在不同阶段也有不同的参与表现,主体不同,惯习不同,资本不同,互动的形式与结果也多样,但究其实践逻辑核心大致可描绘为权力与权力、权力与权利的博弈与耦合。从理论逻辑上来说,法治需要防止国家权力被滥用,应有效维护公民权利。但这种控权和维权真正有效需要公民社会的成熟,公民的权利发挥力量,尤其是民众能够对政府系统及其运行实现有效监督。换个角度说,法治政府、法治国家建设,最重要的是要体现民主政治,需要在政府的工作系统中去体现并保障民众正当且合法的权利。同样,最开始的法治第三方评估也是按着法治的理想逻辑,即民主政治的理论预设去设计的,并主导整个评估机制的运行。但是这一理论预设在实践中是否得到了有效实现,如果没有,那么实际上是怎样一种状态?这便构成了本研究的问题意识,是通过实证研究所要解答的本质问题。关于法治第三方评估的实证研究即是在揭示理论预设与实践逻辑差异性所在,以避免法治第三方评估的盲目推进或失效运行。

为深入研究,笔者提出以下三个基本假设:

(1) 依托法治第三方评估来推动中国民主法治建设是可能的且正在实践中;

(2) 作为一类创新工作机制,法治第三方评估仍存在诸多瑕疵,而这些瑕疵的存在是普遍的且有规律的;

(3) 以推动中国民主法治建设的宗旨,法治第三方评估的自主有效以评估场域的成熟为基础,而成熟的标志是场域规范的自主设定与有效落实。

二、研究意义

(一) 现实意义

法治第三方评估的最初萌芽是地方领导人的一个设想,但它导源于地方法治实践中的治理困境,体现了党政部门在治理过程中对法治建设有效性的追求,深层次含义是为获得民众对其执政、行政合法性的认可。且经运行多年以后已有一定的惯性,成为各依法治市处或依法治区办的日常工作之一,法治第三方评估的成果得到了广泛宣传,其根基看似已稳。对此,第三方评估团队亦热切盼望着自己的成果能够得到有效运用,能够对政府的工作产生强力促动,然而现实呈现的却是法治第三方评估的疲软乏力,这便是促成了本书的反思的最初动力。评估委托部门对法治第三方评估的要求是发现问题,而且不仅是他们日常了解的、显而易见的问题,而是具有学术视角的深层次问题,要挖掘政府治理的关键困境。然而,现有的法治第三方评估往往是广度有余而深度不足,治理的深层次困境仅仅依靠简单的法治指数而不真正深入地做问卷调查和开座谈会是难以呈现的,而关于治理困境又未得到当事人的深入讨论,因此难以提出能够治本的建议。所以说,法治第三方评估的有效性不能单纯依靠指数这项技术工具,评估的困境潜藏于法治第三方评估整个运行过程中。从政府创新工作机制视角来看法治第三方评估,法治指标体系和评估体系的设计和研究是从制度制定层面进行的,制度如何得以有效落实则需要全程考察法治评估。且法治第三方评估的问题并不能简单归咎于评估操作者的问题,其根源是法治并未得到有效落实,尤其是引导法治实践(包括法治评估)的法治思维并未得到真正的形成,进而导致各部门各主体在行动方式和行动逻辑上出现了很多非法治的表现。这些问题在法治第三方评估过程中也存在,比如司法局作为法治建设推进主要部门,存在着"小马拉大车"的困境。本研究的现实意义即是通过细致的场域解剖来呈现法治第三方评估的真实困境,并通过自觉的理论反思为扫除法治第三方评估的障碍和完善法治第三方评估工作机制寻找突破口和可行途径,真正实现法治第三方评估对法治建设的强力推动。

(二)理论意义

本研究总体上是立足于法律社会学视角对先行法治化区域法治

第三方评估这一社会现象进行实证研究。法律社会学"通过现实社会问题来研究法律的实行、功能和效果"①，尤其是用社会学的理论视角来回应现实中与法律制度政策相关的法律问题。法治第三方评估的对象从广义上来说是某区域的法治状况，具体来说则是法律制度的落实情况，这些制度的执行者是党委、政府，受众则是企业、公民等，也就是说法治绩效来源于这些主体的理念与行为，也是体现法律功能和效果的载体。可见，法治第三方评估是对法律实行、功能和效果的一次总结，从实用角度来说它是对政府工作的一次推动，但若从研究角度来说，它也是法律社会学研究的初步阶段。再运用法律社会学视角来进行法治第三方评估现象的研究，则是对第一阶段的反思，具有反思社会学的意味和价值。因此，对法治第三方评估现象进行经验研究，是对法律社会学研究视野的一次拓展，此是本研究的重要理论意义之一。

其次，本研究尝试通过布迪厄的社会实践理论确立分析框架，考察法治第三方评估场域内各主体的资本、惯习，从各类社会关系中去理解法治第三方评估的实质，去理解法治第三方评估乃至民主法治建设的实践逻辑。通过研究所发现的法治第三方评估发生、发展与完善的内在规律，也是法治第三方评估研究的理论贡献之一。同时，也是经验研究层面对具体社会学理论的一次回应，是对社会实践理论在中国适用的一次检验，使理论得以在实践中变得鲜活。

第二节　文　献　综　述

一、国外法治评估研究

近期世界法治指数实现了其全球化应用，这一潮流背后是整个世界法治运动大背景，即从简单的法律知识传输，到制度改革再到借

---

① 沈宗灵.法律社会学的几个基本理论问题[J].法学杂志，1988(1).

助全球公民社会的力量来推进法治的全球化。量化、指数化地考评地区法治现状是国际组织利用公民社会力量推进法治的新模式的内容之一,其中起主导作用的三大组织是国际货币基金组织、世界银行与世界贸易组织。法治指数是国外有关法治评估研究最重要的科学成果之一,伴随法治指数研究而生的是一些反思性研究。

目前较为国际所认可的法治指数主要有两个,其一是世界银行所构建的治理指数中的法治板块,其二是世界正义论坛的法治指数。这两项指数被广为认可,得益于学者们对法治指数的不断反思,而且反思仍在持续。反思的核心问题是应该用怎样的视角和标准来衡量法治指数的有效性,对此存在乐观与悲观两种截然不同的态度[1]。乐观者肯定法治指数的有效性,因为法治指数有着深远的社会理论基础[2],支撑这些指标数据的是一些一以贯之的信念,如现代主义的法律进化观、工具主义的法律作用观和发展主义的法律目的观[3]。尽管乐观派中间也有部分学者存在一些质疑,如指数的构成融合了多个渠道统计口径不同的数据,那么如何避免此过程中的扭曲便成为一个问题[4],而世界银行在采纳法治理念和标准方面也存在较大差异[5]。但这些质疑并非意在否定法治指数,而是指向对指数的完善。

---

[1] K. A. Davis and M. J. Trebilcock, "The Relationship between Law and Development: Optimists versus Skeptics", 56/4 American Journal of Comparative, 895—946(2008).

[2] L. Friedman, "Legal Culture and Social Development", 4 Law & Society Review, 29(1969); D. Trubek, "Toward a Social Theory of Law: An Essay on the Study of Law and Development", 82 Yale Law Journal, 1(1972); D. Trubek, "Max Weber on Law and the Rise of Capitalism", Wisconsin Law Review, 720(1972).

[3] J. H. Merryman, "Law and Social Change: On the Origins, Style, Decline & Revival of the Law and Development", 25/3 American Journal of Comparative Law, 457—491(1977).

[4] M. J. Kunz and A. Schrank, "Growth and Governance: Models, Measures and Mechanisms", 538—554.

[5] A. Santos, "The World Bank Uses of the 'Rule of Law' Promises in Economic Development", in D. M. Trubek and A. Santos (eds). The New Law and Economic Development: A Critical Appraisal, pp. 256—266.

然而悲观者的意见则是对法治指数有效性的极端否定，他们认为法治指数是为了体现跨国公司的商业利益[①]，法治指数无论是从技术还是理念角度来看，都具有鲜明的美国风格而不适用于发展中国家[②]，法治指数由核心区向边缘区输出标准，其目的在于固化现有的世界格局，服务于核心区的利益[③]。

国际法治指数化运动不仅在实践运用中扩散了其影响力，更是引领了国内学术界关于法治评估的研究重点。以上国外学者围绕法治指数所作的反思性研究也是国内学者进行法治指数本土化研究及中国地方法治评估实证研究时的出发点。

二、国内法治评估研究

纵观国内法治评估及其相关研究，从时间序列上看，大致经历了三个阶段：

第一阶段：法治指数的启蒙式研究。

一是西方法治指数的研究。世界法治指数研究进入我国学界和实务界视野的很重要的一个渠道是余杭法治指数，余杭法治指数课题组在构建余杭法治指数的时候借鉴了世界法治指数和香港法治指数，并在余杭法治指数的宣传中被内地更多学者所重视。其中，部分学者对西方法治指数的发展与现状进行专题研究，其目的是为探索法治指数的中国化道路提供有益借鉴。部分学者把对世界法治指数的研究作为反观或评判中国法治评估的基础。

鲁楠通过《世界法治指数的缘起与流变》一文向学人全面介绍了

[①] Tor Krever, "Quantifying Rule of Law: Legal Indicator Projects and the Reproduction of Neoliberal common sense", 34/1 The Third World Quarterly, 131—150 (2013).

[②] T. M. Frank: "The New Development: Can American Law and Legal Institutions Help Developing Countries?", Wisconsin Law Review, 767—801(1972).

[③] 鲁楠.匿名的商人法：全球化时代法律移植的新动向[C]//高鸿钧.清华法治论衡（第14辑）.清华大学出版社,2011：171—176.

世界法治指数的来龙去脉，从比较法的视角分析了其简化、歪曲、引导、暗示和传播等五种特性，并将世界法治指数定位为"全球化时代法律散播的新形式"，解释了其在进口来源、散播层次、散播路径、散播解释等方面的多样性和散播效果上的长期性，并提示学界和实务界应当带着批判的眼光去借鉴[①]。张保生和郑飞在《世界法治指数对中国法治评估的借鉴意义》一文中分析了世界法治指数体系上的一些特征，如"评估机构的中立性、评估对象的独特性、评估指标的普适性和综合性、数据来源的独立性"等，并指出了其调查范围过窄、主观性评价权重过高等缺陷[②]。钱弘道等在《法治评估及其中国应用》一文中具体分析了域外法治评估兴起的条件、模式，认为世界法治指数致力于评估方法的普遍适用性，在全球范围起到了示范效应，是其他国家和地区进行法治评估探索的模本[③]，从而肯定了法治指数对世界法治发展的有益促动。

二是香港法治指数的研究。内地学者也对香港法治指数进行了一些介绍和评价，主要以正面评价为主。如石冰心认为香港法治指数的指标主要是在反映形式法治，而且追寻的是西方法学主流对于"形式法治"的理解，且这些指标的设置罗列非常具有系统性，每一项都是实践法治中不可或缺的要素[④]。朱未易解析了香港法治指数整体设计时的两个法理价值取向，即规范政府权力、保障公民权利和自由，其背后有权力制约、人权保障、司法公正、程序正义等四个制度性考量，其目标定位是城市的法治化程度而非政府的法治工作，整个测评模式表现出了广泛的民主参与和评价的主客观结合性两大特征[⑤]。

[①] 鲁楠.世界法治指数的缘起与流变[J].环球法律评论,2014(4).
[②] 张保生,郑飞.世界法治指数对中国法治评估的借鉴意义[J].法制与社会发展,2013(6).
[③] 钱弘道,弋含锋,王朝霞,等.法治评估及其中国应用[J].中国社会科学,2012(4).
[④] 石冰心.此"法治"非彼"法治"：兼论香港的法治水平[J].人大法律评论,2012(2).
[⑤] 朱未易.地方法治建设绩效测评体系构建的实践性探索：以余杭、成都和香港等地区法治建设为例的分析[J].政治与法律,2011(1).

李蕾认为香港法治指数"融合了世界各国法治理论的精华",是无政府权力干涉的评估活动①。

第二阶段:中国式法治指数的理论构建与区域法治评估经验研究交融并行。

在了解了域外法治指数的基本情况后,学者们逐渐意识到法治指数并不能简单地进行西方移植,法治指数的中国应用需要本土化的理论思考,于是诸多学者对法治指数中国化进行思考,以争取法治评估的话语权。而且很多学者的研究是与法治评估的地方实践相结合的。

一是对法治指数的内涵价值、指标的构建等理论议题的探讨。

(1)法治指数在中国的定义。《农村工作通讯》(2008)率先将"法治指数"收录进名词文库,认为"法治指数,是指从法律角度所衡量的地方治理指数"。检察官杨涛认为可以"通过考核'法治指数'来衡量一个国家、一个城市的法治状况"②。中国社会科学院法学研究所所长李林认为"法治指数是政府量化法治的一种新尝试,是对一个地区法治水平的评价"③。李蕾认为"法治指数从多个维度较为全面地描绘了一国法治的概貌"④。付子堂认为"法治指数以地方法治建设作为评估对象,评估地方法治的建设状况和实施效果"⑤。莫言锋认为"法治指数则是国际上通行的一种衡量一个国家或地区公民守法意识以及法制可依赖程度的一种指标"⑥。廖奕认为"法治指数是判断、衡量一个国家的法治状况及其程度的量化标准和评估体系"⑦。

---

① 李蕾.法治的量化分析:法治指数衡量体系全球经验与中国应用[J].时代法学,2012(2).
② 杨涛."法治指数"有助于推进文明进步[J].人民公安,2008(9).
③ 段罗君.法治指数让政府"做了一次体检"[N].今日早报,2008-06-16.
④ 李蕾.法治的量化分析:法治指数衡量体系全球经验与中国应用[J].时代法学,2012(2).
⑤ 付子堂,张善根.地方法治建设评估机制的全面探索[N].法制日报,2012-08-08.
⑥ 莫言锋.法治指数的"南橘北枳"之忧[J].法治与社会,2008(6).
⑦ 廖奕.建构检察权运行的"法治指数"[N].检察日报,2013-07-16.

可见,学界已形成基本共识,即法治指数是考核地方或全国的法治状况的工具。但也有学者对中国的法治指数提出了更高的要求,认为要从中国的发展经验中总结民主与法治的普遍性规律,以适应全球的民主和法治进程评估①。这是对中国法治指数争夺全球话语权的呼吁,体现了国内建设法治指数的自信。

(2) 法治指数在中国的位阶及意义。在国际上,法治指数被给予了较高的定位,如世界银行的报告认为法治指数是国家无形资产的重要组成部分,联合国的发展项目认为法治指数是反映国家政治稳定的主要参数。法治指数在我国的定位则有高有低,较低层次的定位是"成为考核相关部门工作业绩和执法纪律水平的依据之一"②。对于这种定位也有一些学者保持警惕,如有学者主张发现并解决问题才是法治指数的根本定位,要避免高分低能,要警惕法治评估秀,必须认识到"法治指数的出台不是政府花钱买数字、筑政绩,而是帮助政府找问题"③,"不在于看到余杭法治建设做得有多好,而在于发现问题及时治疗"④。对此,也有学者认为法治指数从本质上来看只能评估法治建设状况是否合格,而不能揭示问题所在。从较高的层次定位,法治指数则是一种制度创新,是系统层面制度的一个环节⑤。最早有学者认为应将法治指数作为文明指数的子指数⑥。也有人认为法治指数是法治进步和政治文明进步的一种表现⑦。还有学者将其概念化为"法治GDP"⑧,认为法治GDP拥有与经济GDP同等重要的考核作用,且前者是对后者的一种修正。也有人从系统性角度

---

① 占红沣,李蕾.初论构建中国的民主、法治指数[J].法律科学(西北政法大学学报),2010(2).
② 马怀德."法治GDP":新政绩观的一个支点[N].北京日报,2008-02-19.
③ 杨维立.用法治指数提升法治建设"短板"[J].公民与法治,2008(12).
④ 周雳.余杭连续第七年公布法治指数[N].都市快报,2013-09-01.
⑤ 钱弘道.法治指数:法治中国的探索和见证[N].光明日报,2013-04-09.
⑥ 张魁兴.为何文明指数独缺法治指数[J].宁波经济(财经视点),2005(6).
⑦ 陈庆贵.首个"法治指数"释放改革信号[N].重庆晨报,2008-04-07.
⑧ 马怀德."法治GDP":新政绩观的一个支点[N].北京日报,2008-02-19.

认为法治指数绝非单纯的数字,"而是蕴涵了一种社会法治发展理念、一个动态体系的系统性工程"①。余杭司法局局长毛新利则认为法治指数的运行是"一场大型的普法教育活动"②,群众的法律知识和法治理念得到提高。延伸到法治评估的意义,占红沣等认为法治指数的作用体现在"三个有利于"③,即有利于科学决策、有利于监督政府绩效、有利于促成方法论的突破。胡虎林在考察余杭法治指数的基础上总结出了量化评估法治建设的四大成效,即"发挥引导力,提高了全民法治意识;规范公权力,推动了政府依法行政;强化服务力,维护了群众合法权益;彰显支撑力,优化了区域发展环境"④。刘武俊则将法治指数的功能总结为评价、引导、反思与预测,后三项功能更具建设性⑤。著名民法学家江平教授在发布会上指出,推出法治指数有三大作用,即推动政府工作、促进学界法治量化研究和创建人民表达民意的渠道⑥。

(3) 法治指数的中国化。这里包括两个方面,即指标的中国化和指数应用的中国化。这里面不仅有理论层次的探讨,更有结合实践的一些思考。其中不少学者从构思原则上提出了诸多建议,如侯学宾和姚建宗在《中国法治指数设计的思想维度》一文中提出在构建中国法治指数时必须关注"虚与实、中国与世界、普遍性与特殊性、统一与杂多、表象与实质、诚信与虚构、理想与现实、定性与定量、建构主义思维和法治的渐进主义逻辑、科学与人文"等思想维度⑦。钱弘

---

① 付子堂,张善根.地方法治建设评估机制的全面探索[N].法制日报,2012-08-08.
② 陈建六,洪俊.法治指数:开辟普法新天地[J].浙江人大,2011(8).
③ 占红沣,李蕾.初论构建中国的民主、法治指数[J].法律科学(西北政法大学学报),2010(2).
④ 胡虎林.法治指数量化评估的探索与思考:以杭州市余杭区为例[J].法治研究,2012(10).
⑤ 刘武俊."法治指数"彰显法治建设的科学发展导向[J].法制与新闻,2008(5).
⑥ 江平.内地首个"法治指数"出炉并非花钱筑政绩而是帮找问题[N].江门日报,2008-06-16.
⑦ 侯学宾,姚建宗.中国法治指数设计的思想维度[J].法律科学(西北政法大学学报),2013(5).

道等认为法治指标在选择时既要关注法治的共同性,也要考虑法治的差异性①,但其并没有具体分析共同性与差异性到底为何。尹奎杰则指出地方法治体系需要从文化要求和价值指数两方面进行重构,其中宪法至上、程序正义和权利本位是三大基本原则②。中共泸州市委统战部在构建泸州的法治指数时遵循的五大原则是:科学性原则、规范性原则、可操作性原则、实用性原则、普适性原则③。刘武俊则建议"科学立法、严格执法、公正司法、全民守法"十六字方针④。付子堂等认为应从法治的"文本—行动—观念"三个层面和框架内进行指标的设置⑤。文本即法律文本,行动即法律的执行,观念则是指大众的法治观念。还有更多学者是从技术应用的角度提出了一系列完善性的建议,如李锦认为法治指数的构建是一个复杂的系统工程,应考虑替代测量的相关性问题以及数据来源和数据处理的可靠性问题,而它的应用性体现在提供比较的可能性和改革导向⑥。俞伟飞对法治指数中国化应用进行了可行性分析,认为要确保法治指数在中国的有效应用,必须重视法治指标的普适性、指数数据的客观性以及评估主体的独立性等问题⑦。李蕾对法治指数中国化的构思是,首先要"以本土化为根基",其次要做到"兼容与创新",做到测评主体的中立、指数参评人群的广泛、扩大指数的应用范围、将腐败指标纳入指数体系中、将法治指数作为一项系统工程进行深入推进⑧。占红沣和

---

① 钱弘道,弋含锋,王朝霞,等.法治评估及其中国应用[J].中国社会科学,2012(4).
② 尹奎杰.法治评估指标体系的"能"与"不能":对法治概念和地方法治评估体系的理论反思[J].长白学刊,2014(2).
③ 赵宇光.社会管理评价及法治指数权重确定的新方法:积木权重法[J].管理观察,2012(7).
④ 刘武俊.建议推出中国特色"法治指数"[N].深圳特区报,2013-02-28.
⑤ 付子堂,张善根.地方法治建设评估机制的全面探索[N].法制日报,2012-08-08.
⑥ 李锦.中国式法治指数若干问题的思考[J].湘潭大学学报(哲学社会科学版),2014(3).
⑦ 俞伟飞.法治指数中国化应用的探索与思考[J].成都行政学院学报,2013(6).
⑧ 李蕾.法治的量化分析:法治指数衡量体系全球经验与中国应用[J].时代法学,2012(2).

李蕾对构建中国民主、法治指数的建议是"由国家统计局或者由在国际财力支助下专门研究机构(如社科院)定期公布中国的民主、法治指数,并依据相应的标准统计世界各国在该指数下各项具体指标的得分"①。冯家亮则将法治建设指标体系纯粹定位为绩效考核的指标,认定建构主体只能是官方机构,排斥了其他中介机构,其所倡导的推进策略和实施目标也是政府工作模式或视角的,如"总体规划与分项推进相结合"、"为工作的落实和评估后的改进提供明确的指引"等②。莫于川则着重分析了法治国家、法治政府和法治社会三位一体建设的各项标准,将其视为"我国法制良善化、精细化发展的时代任务",并在此基础上构建了党委依法执政、政府依法行政、司法公平正义、综合监督体系、社会平安和谐五大类数据,共 33 项具体指标,赋值 100 分③。中国人民大学法治评估研究中心所构建的法治评估指标囊括"法律规范体系、法治实施体系、法治监督体系、法治保障体系、党内法规体系和法治效果体系"等 6 个一级指标,并进一步细化出 20 个二级指标、62 个三级指标和 168 个四级指标④,且在实践运用于全国范围法治评估的过程中得到了广泛的认可与重视。

钱弘道从保证公信力的角度提出了三个重要考核事项,即确保民众问卷的大权重,第三方机构独立完整地执行评估以及专家评审组把关评估结果并修正偏差⑤。此外,还有人认为在法治指数的考核上必须注意标准的科学性和多元化、考核组织者的中立性、第三方考核程序的公正性⑥。也有人提出"法治指数"需要激发民众的自发性,

---

① 占红沣,李蕾.初论构建中国的民主、法治指数[J].法律科学(西北政法大学学报),2010(2).
② 冯家亮.法治建设指标体系的建构路径[J].湖南大学学报(社会科学版),2014(4).
③ 莫于川.法治国家、法治政府、法治社会一体建设的标准问题研究:兼论我国法制良善化、精细化发展的时代任务[J].中国检察官,2013(17).
④ 朱景文.中国法治评估指标体系及总体状况分析[J].人民论坛·学术前沿,2018(4).
⑤ 柳森.法治指数,看数据如何丈量精神[N].解放日报,2008-05-13.
⑥ 杨涛."法治指数"是公平正义的标尺[N].河南商报,2008-04-07.

进行第三方评定①。

指数的中国化应用的典型代表则为余杭法治指数。浙江省余杭区是国内最早开展法治指数评估的地区,课题组在评估本职工作之余也进行了大量的研究,发表了一系列期刊论文,并有会议论文集和专著出版,具有代表性的论文有钱弘道等著的《法治评估及其在中国的应用》、王朝霞的《法治评估与法治创新:基于浙江余杭实践的讨论》,全面总结余杭法治指数实践的著作有钱弘道主编的《中国法治指数报告(2007—2011年)——余杭的实验》《中国法治增长点——学者和官员畅谈录》、钱弘道等著的《法治评估的实验——余杭案例》等。通过这些论文和专著,我们能够全面了解余杭法治指数及其运行模式。余杭的实践创新也曾吸引了一批学者的关注甚至是反思,这在钱弘道等所著的《法治评估的实验——余杭案例》一书中已有梳理,对于批判性意见钱弘道等也在书中作了回应,总的观点是随着余杭法治指数的日益成熟,开创之初所出现的一些质疑和担忧逐渐褪去,余杭法治指数是一项较为成功的地区法治实验,取得了良好的成效。余杭法治指数亦引得全国各地其他兄弟省市区县前去取经学习,其中包括上海 M 区。近年来,学界对余杭法治评估也以正面评价为主,如李蕾认为余杭法治评估体系是"成熟且较为可行"的,评价理念虽有别于国际社会法治指数却更贴近中国国情②;周尚君等也认为余杭法治指数"最具有地方法治基因"③。然而,2014 年 5 月 10 日爆发的"余杭九峰事件"(群体性事件),将余杭法治推向了舆论媒体的风口浪尖,也重创了之前被吹捧得较高的余杭法治指数。"余杭九峰事件"的起因、政府的应对方式等都能发现有违基本法治的做法,

---

① 宣华华."法治指数"需要第三方评定[N]. 福州晚报,2008 - 04 - 08.
② 李蕾.法治的量化分析:法治指数衡量体系全球经验与中国应用[J]. 时代法学,2012(2).
③ 周尚君.可量化的正义:地方法治指数评估体系研究报告[J]. 法学评论,2014(2).

余杭法治指数的实际有效性值得怀疑。此前所质疑的"主导者悖论"①、"法治指数疑似政府自夸"②、"观赏指数"③以及法治指数沦为一种新政绩观④的问题必须重新加以审视,但是因为入场难的问题,全面的审视和批判仍存在障碍。

第二阶段:区域法治评估的反思研究与法治评估的类型化科学化研究并行。

随着法治评估实践的热起,学界的实证研究素材也日渐丰富,由此开展的研究也更具实践基础且有针对性,致力于法治评估体系的科学性,而且出现了类型化研究、反思性研究。

(1) 法治评估的科学性研究。法治评估并不能在实践中获得不证自明的合法性,而需要以自身不断增强的科学性予以支持,而这正是学者的重要任务。于是,学者们将重点放于科学的法治评估指标体系的构建研究,包括指标体系构建的理论基础、价值基准、操作策略等方面。在众多学者中,徐汉明是最为主推"以科学的法治指标体系助推法治建设"⑤的,并由此出发诠释了"法治建设指标体系的质的规定性"和"独特功能"⑥,以为法治评估指标体系的科学化提供理论支撑。尹奎杰强调从宪法至上、程序正义和权利本位三个文化角度进行重构⑦。

(2) 法治评估的类型化研究。法治评估在中国的实践是各地有各地的特色,各行有各行的做法。于此,依据丰富的实践素材,学界开启了法治评估类型化的研究。而法治的普遍性与特殊性兼备的特色为类型化研究提供了学理支撑,朱景文便从法治评估类型化的必

---

① 张若鱼. 法治指数的"主导者悖论"[N]. 山西晚报,2008-04-07.
② 法治指数疑似政府自夸[N]. 时代信报,2008-04-08.
③ 欧木华. "法治指数"别成观赏指标[N]. 河南日报,2008-04-08.
④ 莫言锋. "法治指数"有喜有忧[N]. 现代金报,2008-04-07.
⑤ 徐汉明. 以科学的指标体系助推法治建设[N]. 光明日报,2014-11-06.
⑥ 徐汉明. 论法治建设指标体系的特性与功能[J]. 法学评论,2016(1).
⑦ 尹奎杰. 法治评估指标体系的"能"与"不能":对法治概念和地方法治评估体系的理论反思[J]. 长白学刊,2014(2).

要性这一问题意识入手,详细阐述了以规则之治为核心的法治评估、以法律平等实施为核心的法治评估和以良法之治为核心的法治评估,进而强调了将"国家的法治发展水平与社会发展水平、社会结构的特点密切联系起来"的法治评估指导思想[1]。屈茂辉和匡凯则从社会指标运动的理论阶段、初期运用阶段、生活质量指标阶段以及社会指标浪潮的复兴阶段等四个发展阶段中透视了法治评估的演进过程,尤其是各指标评价中的法治评价成果及其理论和哲学基础,并将中国的法治评价分为早期的定性评价与后期的科学评价两个阶段,认为这意味着由宏观向微观、由整体评价向区域评价的转变[2]。张德淼和李朝则将法治评估划分为制度性进路和价值性进路两种理想类型,并分析了其在评估主体、评估内容、评估范围、评估功能、评估方法等方面的差异,从而强调中国法治评估应当是两者的融合与互补[3]。孟涛将国内外法治评估类型划分为定量评估、定性评估和建设评估,并从理论基础、评估主(客)体、评估指标、评估方法、评估结果等五个方面进行了比较,分析了每类评估的优缺点[4]。钱弘道和杜维超则分析了管理和治理两类不同理论语境下的法治评估模式,并强调两者具有根本性差异,需要将两者进行有效整合从而提升法治评估的实效性[5]。李朝从功能主义视角分析了法治环境评估、法治实施评估和法治价值评估三种类型,亦强调多类型评估模式间的功能整合与合作[6]。王浩在分析法治评估运动具体表现的基础上,区分了法治指数和法治绩效评估两类不同的法治评估模式,提出法治评估应当从建构主义转向现实主义[7]。

---

[1] 朱景文.论法治评估的类型化[J].中国社会科学,2015(7).
[2] 屈茂辉,匡凯.社会指标运动中法治评价的演进[J].环球法律评论,2013(3).
[3] 张德淼,李朝.中国法治评估进路之选择[J].法商研究,2014(4).
[4] 孟涛.论法治评估的三种类型:法治评估的一个比较视角[J].法学家,2015(3).
[5] 钱弘道,杜维超.法治评估模式辨异[J].法学研究,2015(6).
[6] 李朝.法治评估的类型构造与中国应用:一种功能主义的视角[J].法制与社会发展,2016(5).
[7] 王浩.论我国法治评估的多元化[J].法制与社会发展,2017(5).

(3)法治评估的反思性研究。有关法治评估的反思性研究在法治指数刚刚在国内兴起时曾出现少量研究成果,在后来一段时间内并未成主流,但这两年学界逐渐意识到法治评估实践并不理想,于是理性的批判研究逐渐增多。其中较具代表性的成果如下:汪全胜指出法治指数引入中国后存在"意义缺失、公信力不够、评估机制不完善"等问题,强调评估体制的完善[1]。侯振宇和张佟鑫则指出当前的法治评估在评估主体、评估指标和评估结果及其运用方面均存在不足,而《中共中央关于全面深化改革若干重大问题的决定》和《中共中央关于全面推进依法治国若干重大问题的决定》的出台将为法治评估的转型提供机遇[2]。张德森通过实践反思指出了法治评估存在"制度指向混乱、量化研究方法功能局限、数据样本独立性和有效监控缺失、区域化法治评估的正当性质疑"等问题,从而提出了系统构建本土化的法治评估指标体系的具体方向[3]。张建指出了评估实践存在的"顶层设计的缺乏、评估的形式化与封闭化及法治评估结果接纳机制的缺失等问题",将问题归因为对社会基础认知的缺乏以及制度安排的混乱,并提出加强理论研究、强化开放理念、搭建保障制度等解决措施[4]。这为我国法治评估的发展奠定了主基调,但具体来看各地区法治指数实践仍各有特色。

三、法治评估的相关研究领域

经梳理,与法治评估具有相关性的研究领域包括政府绩效评估、依法行政评估、法律绩效评估、立法后评估。尽管以上评估的范围、对象、内容与目的与法治评估有所区别,但相关性较大,其研究成果

---

[1] 汪全胜.法治指数的中国引入:问题及可能进路[J].政治与法律,2015(5).
[2] 侯振宇,张佟鑫.对当前法治评估的问题与转型[J].法制与社会,2016(13).
[3] 张德森.法治评估的实践反思与理论建构:以中国法治评估指标体系的本土化建设为进路[J].法学评论,2016(1).
[4] 张建.法治评估的地方实践:动因、问题及反思[J].云南师范大学学报(哲学社会科学版),2016(1).

亦值得法治评估借鉴。

(一)次法治评估研究

法治政府评估、依法行政评估、法律绩效评估、立法后评估等可以被认为是与法治评估高度相关评估,笔者将其概括为次法治评估。从学者对这些次法治评估的研究中同样能梳理出对法治评估极具价值的成果。

首先是法治政府评估和依法行政评估。

四川省的市县政府依法行政评估工作于2009年率先在成都市开展试点,致力于打造法治政府样板。省人大审议于2009年8月通过了《四川省市县政府依法行政评估指标》,该指标对"政府行政决策、公共服务、行政执法、化解争议、行政监督等依法行政的重点领域和关键环节提出了细化量化指标"[①]。又于2009年11月出台《四川省市县政府依法行政评估办法》,对评估方式进行了细化,并提出了评估结果的处理方式[②]。2010年度又一改单一的问卷调查模式,决定以媒体来带动公众广泛参与[③]。到2011年,社会评价已正式成为市县政府依法行政的评估主体之一,新的《四川省市县政府依法行政评估指标》也将原有的30项考核指标精简为18项,指标体系更科学、更完整,并开始尝试由独立学术机构进行第三方评价[④]。

从四川省成都市的依法行政评估演变历程,我们可以清晰地看到一条由封闭向开放、由自我评估向第三方评估的转变过程,评估方法更为科学和评估结果更为可信。学界对此也有一些研究。杨伟东即以四川省市县政府评估指标为例,对"以评估指标体系推进依法行

---

① 李影. 政府会议涉公共事务 应24小时内公布内容:我市将率先试点市县政府依法行政评估工作[N]. 成都日报,2009-08-05.

② 张婷婷. 打造法治政府样板 年底开展依法行政评估[N]. 成都日报,2009-12-02.

③ 熊德壮. 四川依法行政评估拟邀媒体带动公众广泛参与[N]. 成都晚报,2010-10-28.

④ 刘星. 政府绩效如何 社会评价成"硬指标" 新修改的《四川省市县政府依法行政评估指标》将下发[N]. 甘孜日报,2011-03-05.

政"进行了详细的实证研究①,总结了四川省依法行政评估指标的三大特色,即"开放性的指标体系、针对性的指标设置以及推进的循序渐进",但就体系总体而言仍"处于初创阶段",认为"指标设置应更科学,评估应更开放,评估结果使用应更具刚性"。章友德和张伟在论述依法行政评估自评和第三方评估的理论基础上,详细分析了行政主体、行政相对人以及第三方等三类评估主体②。

  从以下国家政策的发布来看,国家对政府发展要求存在由依法行政向法治政府的全面性跨越,即《国务院关于全面推进依法行政的决定》(1999)、《全面推进依法行政实施纲要》(2004)、《国务院关于推行行政执法责任制的若干意见》(2005)、《国务院关于加强市县政府依法行政的决定》(2008)、《国务院关于加强法治政府建设的意见》(2010)。在这些文件中可以看到法治政府评估有从上到下、从中央到地方的推动和压力。地方政府也相继出台了一系列相关政策,如《深圳市法治政府建设指标体系(试行)》(深发 E2008314 号)、《关于推行行政执法责任制的实施意见》(湘政办发〔2005〕46 号)、《行政执法评议考核办法》(2007)和《法治政府建设阶段性工作目标考核评价办法》(苏政办发〔2012〕213 号)。从这些繁复的文件中,有学者发现了诸多问题,如对法治政府标准缺乏共识导致评估体系缺乏内在一致性逻辑,评估标准低、考核范围小,标准设定不科学、操作性差,缺乏独立公正的外部评价体制,评估体系缺乏有效的激励和约束机制等③。这对法治评估的先行状况作出了概览,也为以后的改进提供了方向性指导。

  其次是法律绩效评估和立法后评估。

---

  ① 杨伟东.以评估指标体系推进依法行政:以四川省市县政府评估指标为例[J].团结,2011(3).
  ② 章友德,张伟.论依法行政的评估主体选择[J].五邑大学学报(社会科学版),2010(2).
  ③ 包万超.论法治政府的标准及其评估体系[J].湖南社会科学,2013(2).

法律绩效评估和立法后评估的著名研究学者应以汪全胜为首,其先后出版了《法律绩效评估机制论》(2010)和《立法后评估研究》(2012)两本专著及多篇论文。从《法律绩效评估机制论》一书可获悉,汪全胜在借鉴英、美、韩、日等国的法律绩效评估机制的优秀经验的基础上,结合我国现行法规清理、审查等成熟的操作机制,总结并设计了适合我国国情的法律绩效评估机制,该机制的基本运作模式包括启动、准备、实施以及评估结果的回应四个环节,操作性和规范化均较强,为我国建立全面的立法后评估机制提供了可行性思路[①]。如果说《法律绩效评估机制论》是一种理论的理想类型设计,可以为实务部门的评估工作提供操作性指导的话,《立法后评估研究》则是一本实证考察,它除了对立法后评估的历史背景、概念、类型等基础理论进行阐释以外,还对立法后评估的主体、程序、方法、对象选择和回应机制等进行了详细考察[②],这为实务部门反思评估工作提供了具体方向。

相对以上子评估来说,法治评估更具宏观性和全面性,其价值也更高一筹,除了要规制政府权力以外,其终极价值是实现公民权利,保障人的尊严和自由。

(二)政府绩效评估

从现有文献来看,国内政府绩效评估的研究者主要探讨的问题有政府绩效评估的基本内涵及价值、评估模式(第三方或多元评估主体模式)、评估的法治化(制度基础、法治化路径)、公民参与等问题。

首先是政府绩效评估的内涵、实质与价值。

目前,政府绩效评估较受学界认可的定义是蔡立辉在《政府绩效评估的理念与方法分析》一文中对政府绩效评估作出的明确定义:"所谓政府绩效评估就是根据管理的效率、能力、服务质量、公共责任

---

① 汪全胜.法律绩效评估机制论[M].北京大学出版社,2010.
② 汪全胜.立法后评估研究[M].人民出版社,2012.

和社会公众满意程度等方面的判断,对政府公共部门管理过程中投入、产出、中期成果和最终成果所反映的绩效进行评定和划分等级。"这一定义从管理学角度进行分析,明确了评估的基本依据、主要内容以及评估结果的表现形式。其核心理念是服务,评判标准是客观的管理效能与主观的公众满意度,评估内容则是明晰的投入产出以及各阶段性成果,评估结果则以明确的等级表现出来。基于此内涵与实质,有学者依据政府绩效评估的"以顾客为中心的价值"、"公共责任的价值"和"四E的价值"这三大价值意蕴,提出了我国政府绩效评估的价值取向:效能取向、民主取向、服务取向与公平取向[①]。

有关立法后评估的研究汪全胜还有诸多期刊成果,如《立法后评估概念阐释》《立法后评估的标准探讨》《立法后评估的"利益相关者"模式》《立法的合法性评估》《立法的合理性评估》《论构建我国独立第三方的立法后评估制度》等。从这些文献中,我们大致可以看到汪全胜层层深入的研究思路,即其从立法后评估的概念阐释出发,进而揭示了立法后评估的对象选择原则、评估标准、评估模式、评估的合理性和合法性、第三方独立评估等问题。以上立法后评估的理论体系在推进立法后评估的同时,也能为推进法治评估实践与理论研究提供参考性框架。

其次是政府绩效评估的评估模式。

目前在学界广受认可和研究的模式就是第三方评估模式。第三方评估是作为对传统政府绩效评估的封闭性提出的。据了解,该模式于2004年即已开始试点,现已在全国得到推广,对第三方评估的界定已有多种。段红梅认为"第三方评估即由独立于政府部门的社会组织和机构对政府绩效进行评价"[②]。杨瑞认为"第三方评估是指与政府无隶属关系、利益关系的第三部门和民间组织实施的评价政

---

① 车震,王岩.政府绩效评估的价值反思[J].科技信息(学术版),2007(32).
② 段红梅.我国政府绩效第三方评估的研究[J].河南师范大学学报(哲学社会科学版),2009(6).

府及其部门绩效的活动"①。陆明远认为"第三方评估又称社会评估,主要包括公民个人、社会团体、社会舆论机构、中介评估机构等通过一定程序和途径,采取各种方式,直接或间接、正式或非正式地评估政府绩效"②。可见,定义有繁简,但大家对第三方评估的概念认识已趋同。更有学者将政府绩效管理中的第三方评估模式细分为高校专家评估模式、专业公司评估模式、社会代表评估模式和民众参与评估模式四种③。

但在第三方评估成功的背后,学者也找到了诸多限制其发展的因素。对此,段红梅认为是体制不完善、相关利益主体排斥等④。陆明远认为主要问题有"相关制度规范的缺失、多元利益的影响、信息不对称"⑤。

对第三方评估在政府绩效评估中的问题,学者们也纷纷给出了不少解决对策。段红梅在借鉴国外优秀经验的基础上给出了四条建议⑥:一是政府、社会公众及第三方本身均需梳理对第三方评估介入的正确认识;二是将评估规范纳入制度化的体系,争取立法保障;三是通过各种方式和渠道提高第三方评估的专业化水平及公信力;四是政府与评估机构实现信息资源的共享。徐双敏除了提出要解决信息不对称问题、提高评估的科学性专业性之外,还应注重第三方的独立性⑦。

---

① 杨瑞. 论第三方评估在我国政府绩效评估中的实施:以吉林省政风行风评议为例[J]. 管理观察,2011(14).
② 陆明远. 政府绩效评估中的第三方参与问题研究[J]. 生产力研究,2008(15).
③ 徐双敏. 政府绩效管理中的"第三方评估"模式及其完善[J]. 中国行政管理,2011(1).
④ 段红梅. 我国政府绩效第三方评估的研究[J]. 河南师范大学学报(哲学社会科学版),2009(6).
⑤ 陆明远. 政府绩效评估中的第三方参与问题研究[J]. 生产力研究,2008(15).
⑥ 段红梅. 我国政府绩效第三方评估的研究[J]. 河南师范大学学报(哲学社会科学版),2009(6).
⑦ 徐双敏. 政府绩效管理中的"第三方评估"模式及其完善[J]. 中国行政管理,2011(1).

为完善第三方评估模式,不少学者均提出要加强法治保障,而政府绩效评估本身也有法治化和制度化的发展要求,对此有学者进行了专题研究。章群和牛忠江在考察美国经验和本土资源整合的基础上,剖析了政府绩效评估法治化的内外在逻辑,并认为政府绩效评估法治化的路径选择是正式制度与非正式制度相结合[①]。王军从治理视角出发,认为政府绩效评估法治化应高度关注合法性、合理性、责任性和有效性四个核心要素[②]。赵贝贝则从欧美日韩等发达国家的政府绩效评估法制化经验中总结出了四条共性特征以供我国借鉴[③]。黄良进和曹立锋从英国政府绩效评估法治化的历程中总结了政府绩效法治化的意义、宗旨、内容、机制等四方面对我国的有益启示[④]。黄良进和肖松从美国政府绩效评估的法治化中探索到了构建法治社会、强化依法行政、完善信息交流沟通机制、绩效评估申诉等启示[⑤]。

政府绩效评估法治化之余,公众的参与也是非常重要的议题,因为这是公民的应有权利。针对我国公民参与政府绩效评估不足的问题,郭渐强和田园分析了观念、民主与法制基础、制度保障、激励机制等方面的障碍,并认为要克服这些障碍必须培养公民的参与意识、加强民主法治建设、实现公众参与的合法化和制度化、丰富民主形式并拓宽公众参与渠道[⑥]。范思颖等学者也都给出了类似的建议[⑦]。

除以上研究主题以外,学者们还关注政府绩效评估的制度基础、

[①] 章群,牛忠江.政府绩效评估法治化的制度逻辑:基于美国经验与本土资源整合的考察[J].现代人才,2009(6).
[②] 王军.治理视野下的我国政府绩效评估法治化研究[J].行政与法,2008(9).
[③] 赵贝贝.政府绩效评估立法启示录:世界发达国家政府绩效评估法制化经验及评析[J].人力资源,2007(3).
[④] 黄良进,曹立锋.英国政府绩效评估法治化历程对我国的启示[J].福建论坛(人文社会科学版),2008(11).
[⑤] 黄良进,肖松.美国政府绩效评估法治化:历程、特点与启示[J].学术界,2009(3).
[⑥] 郭渐强,田园.公众参与政府绩效评估的障碍与克服途径[J].求索,2010(1).
[⑦] 范思颖.公众参与地方政府绩效评估存在的问题与对策[J].天水行政学院学报,2009(3).

价值基础、文化视角、动因等问题。在有关政府绩效评估的最新研究中，有学者基于六省市政府绩效评估经验所总结的政府绩效评估推进思路尤值得重视和学习，认为进一步推进政府绩效评估，要实现参与主体多元化，引入公民参与机制充分发挥专家、人大代表、政协委员以及相对独立的第三方专业评估机构的作用；制定科学的评估体系，即因地制宜，指标的设计要全面，注意基层政府的特点；实现不同评估方式的互补，将定性评价与定量评价相结合；加强评估结果的使用，完善反馈机制，实现科学使用；强化政府绩效评估理念，加强法治建设。这为后续研究提供了更为广阔的探讨空间。

相对于法治评估着重法治指数研究而言，政府绩效评估并没有走量化评估研究为重的道路，而是从第三方评估、公民参与机制、法治化等制度层面进行考察与设计，这对法治评估进一步研究法治指数的操作和运行提供了较为全面的启示。

总结以上法治评估相关领域的研究成果，笔者认为对法治评估的理论与实证研究有以下几点启示：第一，评估的基础是指标，而且指标的设置应科学与完善；第二，指标的研究与设置尽管占据核心地位，但并非意味着它是评估研究的全部，要注重其实际运行状态的系统研究，如立法后评估研究那般，注重理论体系的构建。反观法治评估研究与实践，其重心无疑是一边倒，倒向了"法治指数"，这就会带来法治评估的工具主义过剩而价值主义过弱的危险。法治评估运行过程的研究则少之又少，而法治评估的良性运行是指数功能有效发挥的基础，学界应予以充分的关注。从实践来看，法治评估运行的趋势是由封闭走向开放，越来越多的第三方评估团队介入法治建设场域，开启法治第三方评估实践。但第三方评估的模式并非毫无瑕疵，有时甚至是极其不完善的，并没有真正实现其推进民主政治建设的目标。为此，笔者将课题定位在法治第三方评估动态实践的法律社会学研究，运用布迪厄的社会实践理论，以关系主义为基本视角，从主体的资本、惯习、场域特点等角度揭示法治第三方评估发生、发展中的实践逻辑,并对法治第三方评估的困境予以反思,为构建理想的法治第三方评估机制提供基础。

四、研究不足与趋势述评

通过以上文献梳理,笔者对目前法治指数、法治政府评估、第三方评估等评估研究有了一个较为全面的把握。

首先,该研究领域的第一大特点是研究侧重于法治评估本身,即将法治评估或法治指数作为一项机制进行工具性的研究,或进行实践经验总结和批判,或进行理想模型的设计,但缺乏对机制运作主体及主体间关系的深入研究。然而,后者往往是保证法治评估得以有效运行并发挥实际作用的关键,这种影响贯穿于法治指数和评估机制的设计、评估的实际执行以及评估结果的适用,且环环相扣,任何一个环节脱节或缺失都会影响整个评估的成效。因此,对评估主体间的相互关系的研究将成为法治评估主体的未来趋势。

其次,该研究领域的第二大特点是学科视角的单一,缺乏多学科视角的丰富研究。目前法治评估的关注者以法学界的学者为主,或围绕法治的核心对指数或评估进行理论层面的探讨和模型设计,或以法治价值为核心标准衡量和评判法治指数本身及其运行模式。这也具有学术现实,那就是学科间的壁垒。理解法治及其运行,需要建立在丰富的法学知识基础上,尤其是离不开法学理论的必要储备,这就在一定程度上限制其他学科研究的可能性和积极性。然而,法律因在社会中而呈现出活力,立法、执法、司法等活动都要考虑社会中的道德、伦理、文化、心理、秩序等因素,法治评估以考评这些活动现象为己任的活动也不能脱离对这些要素的理解。因此,为了全面认识第三方法治评估这一现象,必须综合多门学科的力量。其中,法律社会学作为法学与社会学的交叉学科自当承担此研究任务,借助社会学的理论视角为研究法治评估现象提供参考框架,为完善法治评估这一公共政策提供智识支撑。

再次，尽管在政府绩效第三方评估中对第三方参与评估的困境有所反思并提出了相应的策略，但总体上是站在肯定第三方评估结果的基础上得出的结论，而且对所发现的问题并没有细致的实证研究，致使解决对策亦无法真正付诸实施。笔者通过调查得知第三方评估并非外界所认为的那么有效。表面耗资巨大，然而因受评估方式及评估环境之限，评估结果在很大程度上是低效的。而且所谓的信息不对称等问题并非表面上那么简单，其背后有着组织、个体、环境等多方面的限制。这些实际状况必须得到重视并进行系统反思，理解限制是如何发生的，才能真正搭建出让多方主体平等表达意见的第三方平台，才能真正破除内部考评的固有弊端，发挥独立第三方的最佳优势。

因此，综合多门学科视角，对法治第三方评估现象进行全面审视是未来的研究趋势，而且只有通过对法治实践真实逻辑的把握才能为完善法治第三方评估建言献策。然而，全面研究的兴起需要开放的实践，让研究者可以进入现场去观察、去思考。这也是促进多学科研究的有待突破的现实障碍之一。为此，承担第三方评估工作的科研团队应当具有自我指涉的觉悟，对自己的评估工作保持警醒和批判，进行系统的实证研究和理论反思。

第三节　概念界定及研究框架

一、概念界定

（一）第三方评估、法治评估和法治第三方评估

关于第三方评估的概念界定，最早始于政府绩效的第三方评估研究，对此学者们有着大同小异的论述，比较典型的是陆明远所作的界定，即"第三方评估又称社会评估，主要包括公民个人、社会团体、社会舆论机构、中介评估机构等通过一定程序和途径，采取各种方

式,直接或间接、正式或非正式地评估政府绩效"①。其实,从实践角度来看,第三方评估已经渗透到包括政府绩效管理、法治建设、法律实施、司法改革、社会组织发展等方方面面。其中,真正意义上的独立第三方评估极少,更多的是由公权力部门委托、第三方评估机构受托的委托型第三方评估。而针对不同的评估内容,委托型评估又分两类:其一是委托第三方评估机构对自身工作进行的评估,如法治政府第三方评估、司法公信力第三方评估等;其二是委托第三方评估机构对公权力部门所监管的工作进行评估,比较典型的是社会组织第三方评估。两者从其考核对象来说是截然不同的,前者的被评价对象是评估委托方自身,评估委托方也是评估结果的直接责任主体;后者的被评价对象是评估委托方监管的部门,被委托方监管的部门或组织才是评估结果的直接责任主体。本书探讨的第三方评估特指由公权力部门委托,专业第三方评估机构受托,以社会公众为评价主体对公权力部门予以评价的评估活动。同时,公权力部门作为评估委托方是对第三方评估及其结果负有直接接纳责任的特定主体。

法治评估的基本含义是对某区域范围内的法治建设状况进行评估。这个区域可以小至一个村镇区县,大至一个省市国家。但要全面认识法治评估的内涵,笔者认为必须考虑到法治评估是一项系统工程,参与法治评估实践的主客体、评估内容或评估指标、评估效用等则共同构成了法治评估系统,亦是法治评估理论的重要组成部分。依据评估客体范围的大小,笔者将法治评估划分为狭义的法治评估与广义的法治评估。狭义的法治评估即法治政府评估,是指第三方评估机构运用科学的评估方法,对政府在立法、执法、司法等法治建设方面进行工作绩效测评与决策估量,进而发挥限制公权力、增强公民法治意识、创新社会治理方式等功能的评估实践。广义的法治评估则要扩展评估客体,将企业与民众的法治意识与行动等均纳入评

---

① 陆明远.政府绩效评估中的第三方参与问题研究[J].生产力研究,2008(15).

估范畴。狭义的法治评估将重点落在政府的法治绩效(有学者把它称作"法治 GDP"),体现的是评估的实用价值,而广义的法治评估需要重视更深一层的理论价值或说终极价值,那就是维护人的尊严和自由。本书所指的法治评估是狭义上的评估,是对党政部门法治工作的系统评价,具体到 Z 区依法治区评估,其主要内容包括"依法执政、依法行政、公正司法、基层民主与社会监督、法制宣传与法律服务"五大方面。

法治第三方评估即由政府系统委托,限定第三方评估机构为评估执行主体的法治评估。简单来说,第三方评估机构是"除了第一方(被评估对象)和第二方(服务对象)之外的那一方"①。更确切地说,是独立于政府组织,与政府不具有隶属关系的第三方评估机构。学者对参与政府绩效评估的第三方类型做过归纳,包括高校专家、专业公司、社会代表、普通民众等类型②。而本书所指的第三方评估机构特指由法学教授(兼评估专家)带头,博士、硕士参与的高学历多专业的评估团队。

(二)第三方评估场域

场域(field)一词,一般认为最早由布迪厄提出,即"位置间客观关系的一个网络,一个型构"③。这是一个开放且意涵宽泛的概念,布迪厄本人便借此分析了法律场域、教育场域、艺术场域等。本书所指第三方评估场域即由处于不同客观位置的评估委托方、评估受托方、被评估单位、评价参与者、评审专家等多元主体联结,并彼此互动型构出的关系网络。不同主体凭借其资本类型与数量占据着不同的位置,并携带着原场域的惯习(habitus),或主导执行或被动参与整个评

---

① 石国亮. 慈善组织公信力重塑过程中第三方评估机制研究[J]. 中国行政管理,2012(9).
② 徐双敏. 政府绩效管理中的"第三方评估"模式及其完善[J]. 中国行政管理,2011(1).
③ 布迪厄,华康德. 实践与反思:反思社会学导引[M]. 李猛,李康,译. 中央编译出版社,1998.

估过程,型构了不同的关系形态与互动方式,也影响乃至决定着第三方评估的真实效能。而且这个场域因参与主体的多元化而具有公共性,但它并不是一个完全实体可见的公共场所,而是通过问卷调查、访谈、定量定性数据资料采集等信息交流方式形成的兼具实体与虚拟的网络空间。该场域亦不是传统意义上的公共领域,场域成员间不是简单的自由商谈,而是基于第三方评估专家的有计划的设计而进行的有着明确目标——推动地方法治建设——的交往过程。

(三)场域的自主性

据西方哲学辞典定义,自主性是指"如果一个道德行动者(moral agent)的意志不为外界因素所决定,而且这个行动者能够仅依据理性而应用法则于自身,那么他就是自主的(autonomous)"[①]。朱振在探寻权利优先性基础时梳理了三类自主性观念,即康德传统的自主性、至善论的自主性以及哈贝马斯的公共自主的政治自主性,且总结三种自主性并无互斥而是在共同发展[②]。可见,自主性是一个由来已久的哲学概念。

而自主性之于科层制组织的实践意义尤为重要,包括提高组织的灵活性、挖掘组织成员的潜能、增强组织成员的归属感等[③]。但是,在现代化进程中,个体或组织的自主性正逐渐降低并面临危机,对此吉登斯认为生活政治的兴起是为解决之道,而鲍曼则寄希望于知识分子的角色转变[④]。布迪厄对此也有所关注,且从场域自主性的视角来研究。在布迪厄的社会实践理论中,场域的自主性是指"摆脱政治、经济力量对场域的控制,以场域自身的逻辑作为其存在的根

---

① 布宁,余纪元.西方哲学英汉对照辞典[M].人民出版社,2001:95.
② 朱振.权利与自主性:探寻权利优先性的一种道德基础[J].华东政法大学学报,2016(3).
③ 叶荣,易丽丽.科层制下组织成员的参与自主性:困境与超越[J].中国行政管理,2006(3).
④ 郭馨天.自主性的降低:吉登斯和鲍曼对现代性的微观分析[J].社会,2004(4).

据"①。并且认为场域的规则越明确,场域的自主性越强,而对场域成员来说,其所拥有的资本量越大越占优势,其自主性也就越强。

可见,自主性是与权利、权力等均息息相关的基础性概念。本书将法治第三方评估场域的自主性定义为法治第三方评估场域摆脱政治经济诸因素制约的独立能力,具体表现为评估场域成员的自主性,包括参与的自主性、开放的自主性、表达的自主性等。

(四)实践逻辑

实践逻辑是布迪厄社会实践理论所揭示的有别于客观主义与主观主义逻辑的真正实践逻辑,且此逻辑是"先于认知的",在"前对象性的、非设定性的层面上运作"②,需回溯过往,以自省为本予以显化。法治第三方评估的实践逻辑亦是如此,其并非如表面话语所表达,而是潜藏于法治第三方评估场域内主体间基于资本与惯习的互动与运作之中,法治第三方评估实践的模糊性、不确定性、形式化等困境根源于其深层次尚未被揭示的真实实践逻辑。

(五)评估的形式化

形式与内容是哲学辩证法中的一对重要范畴,形式即是与内容相对的,是内容的表现形态,且人的认识规律是"先形式后内容"。而当下对于过度重视外在表现形式的做法,常被诟病为"绣花枕头"和"形式主义"③,因为形式与内容的完全对照并不具有必然性。对此,早在胡塞尔便已开始了理论探讨,海德格尔则进一步遵循形式化与普遍化相分离的视角将形式化的实质进一步深化,认为"形式化起源于纯姿态关系本身的关系意义,而不是源于'一般事物内容的什么'","只针对对象的被给予这一方面来看待对象"④。本书亦是从这

---

① 朱国华.学术合法性是如何可能的:《先验批判》读后[J].学术界,2002(4).
② 布迪厄,华康德.实践与反思:反思社会学导引[M].李猛,李康,译.中央编译出版社,1998.
③ 孙笑侠,应永宏.程序与法律形式化:兼论现代法律程序的特征与要素[J].现代法学,2002(1).
④ 海德格尔,欧东明.形式化和形式显示[J].世界哲学,2002(2).

一消极意义上来定义评估的形式化,即评估所针对的评估内容是被给定的,所得的则是局限视角下的有限结果,具体表现为评估指标体系的被给定性、法治建设信息的被给定性、评估结果的表面性以及结果的无接纳性。

二、研究框架

本书从法治第三方评估形式化的问题意识出发,以布迪厄的社会实践理论为分析视角,以Z区法治第三方评估实践为分析样本,动态地考察法治第三方评估的发生环境与制度运行,分析法治第三方评估场域的互动结构与行为模式,并追溯行为背后的习性(资本)根源,从而撕开法治第三方评估的形式外衣,揭示其保守、被动、妥协等真实逻辑,从而探寻法治第三方评估场域自主有效的发展路径。

第一章:导论。从笔者多年第三方评估实践的困惑出发,梳理了法治第三方评估及其相关研究领域的文献,分析并指出既有研究的不足,即主要集中在指标体系、评估方法、评估原则等工具理性的探讨,对法治第三方评估的形式化问题虽有提及却没有引起足够的重视,更无系统的理论反思。立足于研究问题的需求,本书以布迪厄的社会实践理论为方法论,以过程分析方法和角色分析方法为基本方法,以参与观察法、文献法、深度访谈法等为具体方法,完成法治第三方评估的法律社会学探讨。

第二章:Z区法治建设及法治第三方评估概览。布迪厄的社会学研究步骤强调要将特定的领域与更大的权力场域联系起来进行分析,Z区的地理经济文化为其地区法治建设设定了外部环境,而法治第三方评估又是胎生于地区法治建设的一项创新机制,可谓环环相扣。作为一个子场域,对法治第三方评估场域的认知和分析,离不开对其所处的大场域,包括法治建设场域、发展中的市场场域、转型中的社会场域、改革中的政治场域等的实证分析。

第三章:法治第三方评估场域的前驱动。法治第三方评估从无到有是极具分析价值的关键节点，因为问题的根本往往在其源头。为此本章主要是梳理驱动法治第三方评估场域形成的基本动力与工作机制。动力往往内外兼有，包括市场经济发展下的行政压力、国内外法治评估运动的文化传播等。而在这些一般性动力/压力之下，司法局所面临的部门内的特殊需求则是促成其作出法治第三方评估决策的最直接动力，包括评估诉求、压力消解诉求、公众满意度诉求等，而法治第三方评估机制的技术特征或价值导向则为其提供了可行性。

第四章：法治第三方评估场域的客观运作与网络型构。法治第三方评估从订立委托契约到第三方评估机构执行评估工作，体现了法治第三方评估场域的实际运作过程。具体来说，作出法治第三方评估决策之后的落实过程，首先需要的是评估委托方与评估受托方之间的合作。实证调查研究显示，司法局作为评估委托方，从评估团队负责人的学术能力与社会声望、科研机构所在高校的层级与学科优势、评估团队的成员构成等角度进行考量和选择，从而签订评估契约。而第三方评估机构在承接法治第三方评估课题之后，携带理论视角、评估方法、专业技术入场准备，对接评估委托方并定型法治第三方评估场域的关系结构、互动模式与基本特征。

第五章：法治第三方评估场域的行动逻辑与形式化。当理想的评估模式遭遇真实评估情境，评估场域的文化氛围由兴奋转向压力，评估场域的策略选择并非向心合作而是保守、被动、妥协的普遍存在，其所导致的便是评估面相浮于表、重描述而轻反思、评估结果缺乏有效接纳等一系列评估形式化结果。

第六章：形式化的又一个案：余杭法治指数。无独有偶，2014年发生的余杭九峰垃圾焚烧厂事件，给了一直广受好评的余杭法治指数一记当头棒喝。而余杭法治指数多年实践所积累丰富素材为法治评估实践的效度提供了文本研究的可行性。从指标体系的构建、评估信息的获取、数据处理的方式等评估过程可见法治第三方评估的内容效度之局限,而从评估报告问题、建议部分的对比分析又可见法治第三方评估的结果效度之局限。而余杭法治指数评估深度有限与评估结果影响有限及其原因均与Z区法治第三方评估具有共性。

第七章:法治第三方评估场域的认同与进阶。Z区法治第三方评估的实证研究与余杭法治指数的文本研究共同验证了法治第三方评估流于形式的普遍事实,但也不能因此完全否定法治第三方评估的价值,更不是要摒弃法治第三方评估,而是要以认同为基础进行客观理性的反思,包括正确认识法治第三方评估的平台本质、勇于突破传统惯性、重新界定第三方评估机构的权限与职责、遵循交往理性原则改进评估技术、突破接纳瓶颈构建系统的评估运行保障机制,以实现评估场域的自主性为基础去提升评估效度,向成熟场域迈进。

第八章:结语。法治第三方评估场域作为法治建设领域的子场域,还处于新兴的起步阶段,评估场域的规范(包括评估技术、法治意识和交往规则)尚未定型,缺乏自主性,导致评估在行政的强势牵引下流于形式化,其结果便是评估效度的低下。而为了克服形式化的困境,实现评估的自主有效,不仅要寻求技术层面的改善,还需要价值理性的引导,更需要行动者持续理性多角度的自我反思。

第四节　理论视角与研究方法

一、理论视角

本研究所采取的理论视角是布迪厄的社会实践理论。该理论倡导从关系中去发现实践逻辑,而且拥有一套完整的分析方法和工具,用一个简要的公式表达就是"习性(资本)＋场域＝实践"。所谓习性,究其核心即一种"倾向性系统","倾向于再生产与生产习性的条件相适应的行为、知觉以及态度"①。它既是一种"被结构的结构",同时也是一种"具有结构能力的结构",而且非常抵制变化,但又并非一成不变,它能够在遭遇新的境遇时逐渐去适应,只是往往采取的是"防御性的策略"。而场域是"位置间客观关系的一个网络,或者一个型构,这些位置是经过客观限定的"②,布迪厄非常强调"依据场域进行思考即是关系性地进行思考",而这种思考关注的焦点是"塑造这些经验现实(人口、机构、群或组织)的利益与斗争的潜在模式"③。实践则是"产生于由两者所代表的一套关系在某个实践点上确立的'相互关系'"④,不能还原为习性或场域。

这些概念的最大优点是其内涵并非一成不变的,而是可以依据实践情境进行重新界定以更切合实际。此外,布迪厄进行社会学研究的步骤也是相当明确的⑤:一是把特定的实践场域与更大的权力场域结合起来;二是辨识对抗性位置之间的客观关系结构;三是分析行动者的阶级习性以及其在场域中的社会轨迹。这些概念和方法的灵活运用均助益于笔者对法治建设第三方评估微观实践的考察和理解。

首先,本研究将全面审视法治第三方评估场域,该网络看似以合作共识为基础,实则充满利益纠葛,主体间不乏顾虑、嫌隙与排斥。因此,为形成社会共识,并以平等的姿态协力推动中国的民主法治建设,必须厘清该网络中的负面因素。这就需要透过现象看本质,从场域成员的关系结构与互动表现、场域的特点与主体习性等入手,去认

---

① 斯沃茨.文化与权力:布尔迪厄的社会学[M].陶东风,译.上海译文出版社,2012:120.
② 布迪厄,华康德.实践与反思:反思社会学导论[M].李猛,李康,译.中央编译出版社,1998:134.
③ 斯沃茨.文化与权力:布尔迪厄的社会学[M].陶东风,译.上海译文出版社,2012:138.
④ 斯沃茨.文化与权力:布尔迪厄的社会学[M].陶东风,译.上海译文出版社,2012:161.
⑤ 斯沃茨.文化与权力:布尔迪厄的社会学[M].陶东风,译.上海译文出版社,2012:161.

知法治第三方评估的实践逻辑。

其次,本研究将追溯场域成员外在行为背后的习性根源。对于习性的倾向表现,布迪厄认为主要是"使行动者偏向与选择依据他们的资源与过去经验最可能成功的行为方式"[①]。在法治第三方评估场域构建的初始阶段,第三方评估机制尚未完全成熟,各主体对其的认知也不完整,在互动交往时往往偏保守,难以按评估的要求做出实质性的行动策略调整,而是承继原场域的习惯。如此,创新的治理需求与传统的行为习惯间就出现了冲突,成为制约评估工作的深入开展、影响评估功能的充分发挥的症结所在。而且,对这些习性的认知不仅要把握其外在行为表现与制约后果,更要参透其内在的社会心理动机。

再次,本研究将从动态视角来研究制度的运行过程与环境。布迪厄的社会实践理论曾指出,不能孤立地看待任何一个现象或者个体,场域之外还有场域,大场域之内还有子场域,应当从一种流动性、全面性的角度来考察场域内的问题。法治第三方评估从指标体系的构建到收据的采集都并非按理论设想的走,策略的调整甚至妥协比比皆是,如理想指标因无实际数据支撑而放弃等。这些说明,制度的理想设计往往因遭遇大环境的影响而变形,因此要理解法治第三方评估场域,必须将其与更大的场域予以结合。此外,场域内外的斗争并非只有消极意义,若予以正视与突破,将有助于法治第三方评估场域的成长、定型。

简言之,本研究聚焦于法治第三方评估场域,描述场域的关系结构与互动形式、透析场域特点与主体习性,从而揭示主体间的制约实质等评估实践逻辑,为突破法治第三方评估的形式化困境寻找突破口。

---

① 布迪厄.科学之科学与反观性:法兰西学院专题讲座(2000—2001学年)[M].广西师范大学出版社,2006.

二、研究方法

（一）基本方法

通过布迪厄的实践＝场域＋惯习的社会实践理论来看法治第三方评估，政府、第三方评估机构、社会公众、专家等场域成员各自拥有其特定资本在场域内占据一定的位置、采取一定的行动，本研究便将研究重点落于法治第三方评估场域这一特定组织，主要采用组织分析方法和角色分析方法来进行法治第三方评估现象的分析。具体来说，便是系统分析场域成员在评估场域中位置、权利义务、行为模式，以及主体间的相互关系，以全面解析政府委托的法治第三方评估现象。

（二）具体方法

由于本研究主要是对典型案例进行麻雀式解剖，所以在具体方法的应用上主要有三个：一是文献研究法。具体文献包括我国与法治建设主体相关的法律法规政策制度以及2009—2013年Z区法治第三方评估的材料。二是深入访谈法。访谈人员包括市、区依法治区办工作人员、法治评估专家、法治评估团队成员等，共计访谈10人次。三是参与观察法。笔者曾三次参与Z区的法治第三方评估，假如将评估本身作为对法治现象的一阶观察的话，本研究即是"二阶观察"，通过借助评估过程中的参与观察及其反思，为本研究积累丰富材料。

第五节　样本选取与资料来源

一、样本选取

本研究以Z区依法治区第三方评估为研究样本。选取该样本有两大理由：

（1）从样本自身来说，Z区是国内较早开展第三方法治评估的地区之一，自2008年至2015年每年评估一次，作为研究对象，它已可以进行历时性的考察，既有丰富的经验可以总结，也有不少教训值得反思，即样本本身极具研究价值。

（2）从研究者自身来说，笔者曾是Z区依法治区评估团队的核心成员，对该现象的了解以及随后的资料采取均具有一定的便利性，因此为研究的深入增添了不少可能性。而且，评估之余的体悟和反思，更是令我意识到该评估机制在实践中面临着不少困境，对样本的研究将多少助益于该区第三方法治评估实践。因此，实践所需与研究者兴趣在该样本上实现了同步，进而促成了本次研究。

二、资料来源

研究所需的资料主要有三大来源：
（1）历年依法治区评估所积累的文本材料。
（2）依法治区办工作人员所提供的内部资料。
（3）参与观察、深入访谈所得的各类质性资料等。

第六节 研究创新与研究不足

在布迪厄的社会实践理论的指导下，本研究对法治第三方评估的微观运行过程进行了全面审视和反思，研究过程及研究结果既有创新，也存在不足。

一、研究创新点

第一，运用布迪厄社会实践理论的视角和方法，去撕裂在当下社会发育不完善、行政依旧强势的条件下法治第三方评估形式化的繁荣外衣，揭示了法治第三方评估场域中成员间对抗斗争的基本属性，而评估场域的真实逻辑便是压力之下的保守、被动和妥协，是评估有效性的迷失。

第二,评估的形式化表象背后是评估场域自主性缺乏的实质,而场域的自主性依赖于场域成员参与、表达、批判的独立能力。因此,设定规范保持自省以让多元评估主体得以自由、理性地进行对话是克服评估形式化困境的核心要义,包括突破传统惯习、理性重构评估指标体系、适度分配权责等。

第三,以精英视角代替了公众视角是法治第三方评估未被重视的潜藏危机。这有悖民主政治的理念,为保障法治第三方评估的健康发展需确立其大众平台的根本属性。

第四,评估结果缺乏有效接纳进一步助长了评估的形式化。因此,为实现法治第三方评估由偶然性向制度化转型,需要构建以评估接纳机制为核心的评估保障制度。

二、研究不足

第一,本研究从决策的生成过程、评估的委托及评估场域的形成、评估的运行过程等各环节进行了细致观察,但对评估结果接纳环节的观察和分析相对较弱。但是,作为法治第三方评估的重要保障机制,接纳机制是将第三方评估机制及其结果落地的关键,也是通过评估结果深化地区法治建设的开始,值得进一步细致研究。

第二,通过布迪厄的社会实践理论,本研究虽然发现了在法治第三方评估初期阶段,评估场域内存在斗争性的关键事实,也通过后期评估执行过程的文化逻辑和行动策略进行了具体演绎。但这种情形只是阶段性的特征,其终将被合作所替代,只是这种合作如何得以可能有待进一步的科学论证,也即文末抛出的评估场域的交往理性如何实现的问题。

第二章 Z区法治建设及法治第三方评估概览

自1999年依法治国正式入宪以来,中国政府、中国社会对法治及其重要性的认知正逐渐苏醒。从中央到地方,从政府到社会,从国家到市场,从城市到农村,法治意识正在逐渐扎下根基,法治建设的实践也正层层渗透。Z区作为一个典型的城市化进程中不断成长的地区,其法治建设的发展既有其地区特色,也透露着中国法治建设的一般特性。从特殊窥探一般,从一般显现特殊,Z区的法治建设带着新中国推进法治的普遍规律,又时不时地以其创新之力备受关注,包括在法治城区建设中配套了法治第三方评估机制。由此,对法治第三方评估场域的分析离不开Z区法治建设场域的先期认知,这也符合布迪厄所强调的"把特定的实践场域与更大的权力场域结合起来"[①]的研究方法的指导思想。

第一节 Z区基本情况简介[②]

一、建制沿革与行政区划

新中国成立后,Z区建制曾经历多次调整,具体建制改革历程如

---

① 斯沃茨.文化与权力:布尔迪厄的社会学[M].陶东风,译.上海译文出版社,2012:161.
② 笔者依据Z区地方志网站资料整理。

下:1959年12月,以原H县Z镇和W地区设立原Z区;1964年,原Z区撤销并入X区,并改为Z和W两个街道;1981年2月,重新恢复原Z区;1992年9月26日,国务院同时撤销原Z区、S县,合并成为新的Z区。

从其成立时间来看,新Z区是H市最年轻的区。从其成立背景来看,新Z区是H市大规模社会主义经济建设下的产物。从地理位置来看,地处H市的地域腹部。从自然风貌来看,Z区地势平坦,乃属堆积平原,西部处于湖积平原,中东部为滨海平原,不仅有城市美景,还有田园风光。从行政区划来看,区域总面积近372.79平方公里,现有9个镇、3个街道、1个市级工业区,134个村委会和421个居委会。从交通设施与区域特点来看,新Z区是H市的重要对外交通枢纽,拥有机场、铁路、港口、轨道交通、高速公路、外环线、城市道路等丰富的交通设施,具有对内可快速连接城市中心,对外可实现H市与其他城市的"同城效应"的鲜明的枢纽特点。而且,作为H市的卫星城,Z区是兼具城市和乡村优点的新型城市,在全市经济建设和城市建设的整体格局中占有极其重要的地位,起着控制中心城区人口和工业过度膨胀的重要作用,截至2014年底,全区常住人口253.95万人,位列H市各郊区(县)人口总数首位。其中,外来人口149.43万人,占比达到58.84%。而大量的外来人口聚居在城乡接合部而产生的社会问题给Z区的执法、司法带来了巨大的压力,对政府的传统治理模式提出了挑战,创新治理模式,尤其用法治手段的方式来化解矛盾,是Z区法治建设的重要任务。

二、经济结构及运行情况

改革开放以来,Z区的工作重心逐渐由单纯为大工业服务转移到以发展商业、区属工业、街道工业为主的区属经济上来。农业、制造业、高新技术产业、现代服务业等多重产业结构不断得以优化升级,行业门类齐全,二、三产业均比较发达是Z区经济结构的一大特点。具体来说,农业上形成了"一区两翼、多点镶嵌"的新型都市农业布局,其中一区是指市级现代农业园区,两翼是指位于两镇的"农耕文化园"和"城市农情园",多点镶嵌则是指各街镇的设施化农业生产基地。工业上以制造业为主,尤以通信设备、计算机及其他电子设备制造业和通用设备制造业、电气机械及器材制造业、化学原料及化学制品制造业为四大支柱产业。现代服务业则以商业服务、创意产业、现代金融、房地产业、旅游业、汽车销售等为主。据Z区2015年统计年鉴2015显示,2014年Z区农业总产值为3.67亿元,工业总产值为3 645.57亿元,商业外贸的商品销售收入为2 487.55亿元,区财政收入高达190.53亿元,领先于H市其他郊区(县)。

得益于城乡接合部的地理优势以及城市经济、乡村经济的双向折射,Z区经济发展的另一大特色是大规模的开发区规划建设。至2012年,全区已建成16个开发区,其中4个国家级、3个市级。自2013年起更是全面规划发展了高端现代服务业功能区、创新研发先进制造功能区、统筹城乡发展功能区三大功能区,为推动Z区经济结构优化产业升级、城市化、区域融合发展起到了积极作用。

近五年的经济数据分析显示,Z区的经济运行呈现七大特点:一是经济运行总体稳中趋缓,服务业对经济增长拉动作用大;二是财政收入平稳增长,金融信贷保持稳定;三是三大需求一升一缓一降:投资在房地产带动下实现较快增长,消费增长平稳、出口继续回落;四是工业生产降幅扩大,行业结构逐步优化;五是商品房交易回暖,房屋新开工面积回落;六是招商引资保持较大规模,新设企业集中于服务业;七是保障有力,民生改善。其中虽有"稳中求进,转方式、调结构扎实推进"和"进中提质,经济运行质量不断提高"两大积极变化,但也面临着经济下行压力大、后劲不足以及社会服务业中小企经营困难等诸多问题。这些问题在2012—2014年间表现得较为明显,农业总产值呈逐年降低趋势,2014年的降幅达到8.4个百分点,同年度工业总产值也降低了6.9个百分点,出口商品总额降幅更是达到了13.5%。社会消费品零售总额倒是一直保持增长,但增幅也在降低。而伴随经济下行的是就业失业等方面的社会矛盾日渐凸显,这从连年居高不下的劳动争议案件便可管窥一二。然而,经济的问题以及随之而来的社会问题等仅仅依靠经济政策的调整和实施是难以全面解决的,经济结构的顺利转型和可持续发展需要法治予以保障,社会治理也需要动员社会多元力量,强调民主法治建设,全面推进依法治区已迫在眉睫,并正在实践中。

三、社会发展状况

随着经济实力的增强,Z区社会事业的发展也拥有了充足的资金,在教育事业、医疗卫生、文化艺术、体育休闲、精神文明等领域的投资经费连年递增,Z区公共资源日渐丰富。① 教育事业。到2014年底,全区共有教育学院、中职学校、中学、小学、幼儿园、继续教育、攻读学校、社区学校等317所,学生数225 418人,教职工22 775人,教育经费总投入为46.18亿元。其中,尤以中小学教育经费投入为大,小学生生均教育费用为18 597元/人,初中学生生均教育经费为28 143元/人,高中学生生均教育经费为34 554元/人。② 医疗事业。至2014年末,全区共有27家医疗机构,包括复旦大学附属儿科医院、13家区属医疗单位以及13家社区卫生服务中心,共提供5 728个床位,配有9 946位工作人员,其中卫生技术人员达7 959人,包括执业医师2 789人、执业助理医师180人、注册护士3 549人、药师440人、检验技师328人。财政对医疗卫生的投入达12.89亿元,较2013年增长了24.27%,更是2010年的2倍之余。③ 文化体育事业。至2014年末,全区有19个镇、街道影剧院,1个区级文化馆,13个文化中心站,1个区级图书馆,13个镇、街道图书馆,16个书场,2个区级博物馆,为社区居民提供各式文化服务。在体育活动上,全区2014年共举办了66场运动会,尽管场次较2013年明显减少,但参加人数却在增加,达89 265人,可见公众参与热情之高。④ 社会福利事业。2014年度为城乡居民提供8.187亿元社会救助金,为社会优抚对象提供的优待金总额为1.958亿元,发放城乡居民养老保险金17.053亿元,医保基金支出总金额为205.058亿元,发放失业保险金8.408亿元。

总体上来说,在财政资金的保障下,Z区人民的生活水平得到了较大幅度的提升,但远未令社会大众满意。据2014年Z区户主居民的生活状况调查显示,Z区居民对工作、经济收入、家庭生活、社会环境等生活现状的总体满意情况都只是一般,满意度不足50%,房价、医疗费过高,社会诚信水平恶化,群体间冲突等社会问题依旧突出。而且社会事业的发展尚未跟大量导入人口的实际需求相适应,外来人口在调查过程中反映的生活困难则更加多,以"生活成本高"、"看病难看病贵"和"子女上学困难"这三项为最。50.9%的外来人员未缴纳任何保险,只有34.9%的外来人员持有有效的居住证证件等调查结果则说明了相关法律法规的落实存在困境,也说明政府的社会治理任务、依法治区任务依旧任重而道远。

第二节 Z区法治建设的基本情况①

一、组织结构与职能设置

1999年3月14日依法治国正式入宪,实现了治国方略从人治到德治的历史性跨越。同年8月,H市委颁发了H市进一步推进依法治市工作纲要,并成立由市委书记任组长的依法治市领导小组,且下设办公室作为市委机关的一个独立工作部门,开启了高起点、大力度的依法治市推进工作。各区县依法治区(县)工作基本同此节奏,依

---

① 笔者依据Z区司法局网站依法治区工作专题资料整理。

法治区(县)领导小组办公室均设在区委办公室。至此,Z区的第一个依法治区工作小组得以形成。

2008年4月14日,全国普法办发布《关于开展法治城市、法治县(市、区)创建活动的意见》,市依法治市领导小组办公室及各区(县)依法治区(县)领导小组办公室的机构设置也随之作了重大调整,即由市(区)委办公室调整到了市(区)司法局,以便于法治城市、法治区县创建活动的纵向管理。Z区也同此节奏,将依法治区领导小组从区委办调整到了司法局,并以4月24—25日召开的依法治区工作会议为标志,完成了机构的调整与工作的衔接,由此开启了Z区法治建设实践的新篇章。

当然,区法治建设并不是区司法局一家的独角戏,而是司法部门、执法部门、党政机关、社会组织、企事业单位和居(村)民共同参与的多头戏。首先,司法局属于牵头方和核心工作部门,主要职责有:① 开展和指导协调全区依法治区工作;② 制定全区依法治区工作规划和年度计划;③ 建立健全依法治区联席会议制度、考核评估体系等长效机制;④ 对工作实施和目标任务完成情况组织检查、指导、督促。其次,区委办局为依法治区工作小组的成员单位,且每个单位都设有一位联络员,以保证司法局与其他委办局沟通的顺利进行,包括法治信息的掌握、法治项目制定及法治任务的传达、执行与反馈等。目前区依法治区领导小组承运已覆盖全区所有行政执法单位,且由各部门的行政主要领导负责。再者,人大代表、政协委员、普通群众等社会监督力量的参与。其中,尤以人大对"一府两院"的监督最为有力,主要包括法律监督、工作监督和人事监督三个方面。最后为独立的第三方评估机构,搭建公众意见表达的第三方评估平台,结合专业知识从客观的角度对Z区的年度依法治区工作进行总结与评价。

二、法治城区创建与重点工作项目

法治城区创建自其推出伊始,目标便是系统的,意味着全面改革的决心,呈现出从中央到地方的一致性,又具有地方特色。2009年,Z区在中央的基本要求下,结合地方特色和实际需求,将依法治区工作的总目标定为:党委依法执政、政府依法行政、司法公平正义、法治监督完善、民主政治健全、权利依法保障、市场规范有序、全民素质提升、社会稳定和谐。以此为基础,Z区开始在全区范围内,动员各委办局共同参与法治城区创建,通过项目化的方式细化法治任务,并依据社会需求及时进行调整。列举重点工作如下:

(一)工作规划与评估体系的制定

自2009年起,在依法治区办的组织领导下,遵循中央文件一系列相关文件的指导,Z区开始编制法治建设的地方性工作规划与考核意见,具体来说有"十二五"规划、活动计划、评估体系三大类,其中"十二五"规划为思想统领,年度法治城区创建活动计划为操作细则,评估体系作为保障措施倒逼Z区的法治城区创建工作。具体文件及其主要内容可梳理如下:

一是Z区依法治区"十二五"规划的出台。2010年初,Z区依法治区办正式开始着手依法治区的"十二五"专项规划的制定,2010年9月就形成的初稿与专家进行研讨,2011年7月通过专家组评审,2012年初正式发布Z区依法治区"十二五"规划,明确了依法执政、依法行政、司法公正、法律服务、法制宣传、平安建设、法治监督等7个方面21项重点任务,并确立了"一年一考评、五年一总评、社会评估与内部考核相结合"的评估机制。

二是活动计划。2009年的Z区法治城区创建活动计划,包括推进党内民主、推进依法行政、依法规范市场秩序、畅通监督渠道、推进平安建设、动员各方力量等6项主要任务以及维护劳动者合法权益、改善市容环境、规范税收征收、推进环保执法检查等28项分类任务。2011年的Z区法治城区创建活动计划明确了"突出重点难点,提升创建水平"、"坚持依法执政,推进党内民主"、"规范行政执法,推进依法行政"、"加强经济法治,规范市场秩序"、"促进司法公正,维护司法权威"、"开展法制宣传,营造法治氛围"、"推进综合治理,维护社会稳定"、"畅通监督渠道,提高监督效能"等8项主要任务,并下设31项分类任务。

三是2009年上半年制定了Z区依法治区评估体系及责任分解和Z区依法治区评估体系实施办法。前一项文件明确了"依法执政、法治政府、公正司法、法制教育、基层民主"五大评估内容并设主要任务18项、评估内容43项、评估标准106个,后一项文件则详细规定了评估的基本原则、内容、方法、结果运用。两个文件相结合正式开启了Z区的依法治区评估工作。2012年制定了2012年度Z区区级机关依法治区工作考核实施意见和2012年度Z区镇(街道、工业区)依法治理工作考核实施意见,对区级机关重点考察行政示范单位的创建和重点领域的依法治理状况,对街镇则重点考察组织架构、基础民主法治建设和法治宣传教育等状况,实现了差异化考核,并在后续工作中有意识地强化对考核结果的运用,如纳入全区年终绩效考核等。

(二)依法行政工作规程编制及其实施

如果说依法治区规划是从整体和全局把握Z区的法治建设,依法行政规程的编制及实施则是在法治建设中找重点、寻突破。Z区依法行政工作规程的编制及实施不仅是区的亮点和特色,也是全市乃至全国的创新,大致可以分为以下三个阶段:

一是启动阶段。2010年上半年,在Z区依法治区办的积极推动下,依法行政工作规程的编制工作开始启动,做了充足的准备工作,主要有两项:其一是制订Z区编制和推行依法行政工作规程实施方案和Z区编制和推进依法行政工作规程时间进度表两个文件,前者确定编制的基本方案,后者细化工作任务、责任单位、完成时限等,为规程编制的顺利进行提供必备的保障;其二是确定规程编制和推行工作小组、试点单位及各单位具体落实人员,其中确定的第一批试点单位是区建交委、区环保局、区房管局、区工商局、区绿化市容局。

二是试点阶段。2010年6月,各试点单位按照区依法治区办所发布的两项文件开始具体的行政工作规程梳理,具体有三项工作:其一是在本单位召开编制和推行依法行政工作规程的会议,形成内部共识,对工作步骤进行全面部署;其二是在区文件的基础上,结合部门特点,组建工作班子,细化方案和工作任务;其三是各单位工作职能的梳理,并对编制过程中所遇到的问题和困难进行总结、反思、商讨、解决。同时期,区依法治区办一直对整个编制工作保持密切关注,并通过走访试点单位、召开专题会议、组织经验交流、检查验收等方式助力完善各试点单位的规程编制。至2010年10月,由区依法治区办、区监察局、区法制办、区审改办、区编办、区人保局、区联动中心组成检查工作小组对试点单位进行检查验收,包括行政规程编制以及问题解决情况、经验总结等的验收。

三是面上推开阶段。2010年10月26日,Z区召开的第六次依法行政工作规程编制和推进工作专题会议,是依法行政规程编制和推进工作进入面上推开阶段的标志。该阶段围绕行政执法规程编制、行政审批标准化建设、行政内部管理标准化建设以及廉政风险点查找等四个方面进行梳理和完善,并强调将所编制的规程投入实际运用。这是一个不断商讨、研究、沟通、达成共识,且历时较长的阶段。至2012年,"编制和推行依法行政工作规程"正式列为Z区社会建设重点项目。

四是公开运用阶段。经过前期的研讨、试点和面上推广,依法行政规程编制已基本完善,进入公开运用阶段。依法行政规程的信息公开是由小范围向大范围逐步扩展的,即2012年4月向党代表公开了依法行政工作规程的相关信息,2012年7月向区人大代表和政协委员公开了相关信息,2012年9月向社会公众公开并接受监督。依法行政规程的实施重点指向"违法用地、违法搭建、建筑施工、无证照经营、群租、娱乐场所"等六大重点领域的依法治理,并结合大联动平台进行信息共享和部门联动,以提高问题解决的效率和质量。可以说,依法行政规程的逐步完善与有效实施是一场持久战,至2013年4月才开始讨论《关于推进依法行政工作规程运用的实施方案(初稿)》。

(三)大联动平台的建设

2009年下半年开始,为有效应对快速城市化、深度城市化过程中所出现的各类社会问题以及回应公众的民生诉求,Z区便开始探索城市社会治理的新机制,即城市综合管理和应急联动机制(以下简称大联动机制),并于2010年4月成立了实体化运作的大联动中心。由此,构建了以区、街道、居村委三级为组织架构,以信息化平台建设为支撑,以公众的广泛参与和监督为保障,以受理案件—派发案件—开展处置—反馈结果—核查结果为案件办理流程的城市综合管理新模式。该模式以大胆探索整合资源为特色,即对内整合行政资源,对外整合社会资源。

对内整合行政资源主要是通过自上而下的压力引导,即由党委政府统一领导,书记负责制,并将其纳入部门考核,从而使互不隶属的各部门可以"工作联动、信息共享、业务协同",从而心往一处想、劲往一处使。以市容环境管理人员和治安巡逻人员的联动为例,前者负责白天的市容环境管理,兼顾搜集犯罪活动线索以及部分治安防范,后者负责夜间治安巡管,兼顾管理乱设摊位等行为。两者形成白天黑夜的无缝衔接,市容市貌和治安的维持在协力中共赢。

对外整合社会资源则主要是调动基层组织和社会公众参与社会治理的积极性:一是在社区整合社区保安、小区物业、房屋协管等队伍形成社区网格巡管队;二是通过设立24小时热线电话,在政府网站开通"大联动公开"栏目,方便公众随时进行咨询、求助、投诉和建议;三是设立有奖激励,推动市民群众积极参与治理社会难题;四是公开大联动信息,方便公众查询案件进展、了解政府部门的履职情况,并给予满意度评价或提出意见建议等。

经过前期的实践与调整,2014年"大联动"正式迈入2.0版本,即"按照'属地管理、重心下移、整合队伍、联动联勤、权责一致、提高效率'的原则,做实居村前端管理平台,做强街镇综合管理平台,做优区级监管服务平台"①。在此,一是行政资源和管理责任逐渐下沉至街道层面,条块结合,大大加强了城市顽疾的处置能力和处理效率;二是支持社区自治委员会的组建与作用发挥,为大联动的"多元共治"打下了坚实的群众基础。

(四)重点领域突出问题的依法整治

作为一个典型的城乡接合部,在进入城市化的快车道后,Z区的社会问题表现得也相当突出并具有地域特色,集中在娱乐休闲场所"黄赌毒"、违法建筑、非法用地、无证无照经营以及群租等项重点领域。这些问题既对政府的传统管理模式提出了挑战,也为Z区运用法治方法进行重点突破提供了机遇。为了将这一系列老大难问题逐个突破,Z区强调依法治理,强调长效工作机制,强调疑难问题的研究,强调多部门合作,强调以点带面。

一是由Z区依法治区办负责牵头其他相关部门召开专题会议,进行专题研究,提前做好知识储备和应对策略。此会议于2011年3月召开,听取了6个试点街镇的任务推进情况即工作中存在的难题,并当场研讨给出建议,作出下一步工作的部署:一要遵循依法治理的原则,二要优化应对方案形成长效工作机制,三要强调协同解决疑难问题,四要总结共享并推广优秀经验。

二是制定问题依法治理的实施意见,规范执法行为,提升依法治理水平。由重点整治领域对应的各委办局起草专项整治意见,并经各委办局、区法制办、区联动中心以及相关负责同志共同商讨。2012年3月8日召开座谈会,共同商讨Z区关于开展居住物业小区"群租"行为专项整治的实施意见;2012年3月14日召开座谈会,共同商讨Z区关于推进违法用地整治工作的实施意见(征求意见稿);2012年4月12日召开座谈会,共同商讨Z区关于推进娱乐、休闲服务场

---

① 参见中国城市发展网,http://www.chinacity.org.cn/csfz/csgl/291136.html。

所治安综合治理工作的实施意见(征求意见稿)。

三是摸索合作机制,合理分工。专项整治实施意见得以充分探讨和定稿之后,便是边实践边完善的行政执法。借助区联动中心的信息化平台,通过条块联动,以及各职能部门对街道的授权,探索多部门的有机合作。此外,政府依法治理与民众自治形成合理分工,整合社会资源将社会矛盾化解于基层。

三、Z 区法治建设特点分析

在新的职能机构的带领下,Z 区依法治区领导小组整合多方工作力量开启了多项重头项目,呈现出 Z 区法治建设工作的新特点。

一是便于纵向管理。2008 年 7 月 10 日,Z 区依法治区领导工作小组办公室(以下简称"区依法治区办")正式下发了《关于推进依法治区 创建法治城区的意见》,明确了"党委依法执政、政府依法行政、司法公平正义、法治监督完善、民主政治健全、权利依法保障、市场规范有序、全民素质提升、社会稳定和谐"的法治城区创建总目标,并提出了构建科学的"法治城区评估体系"的任务要求。这一框架和任务要求与普法办所发布的《关于开展法治城市、法治县(市、区)创建活动的意见》基本一致。2009 年,市依法治市领导小组办公室下发《关于深入开展法治城区(县)创建活动的实施意见(试行)》,作为重要的纵向参考文件,Z 区法治创建工作小组于同年 5 月 20 日进行了集中学习。这一系列动作表明区依法治区办紧跟上级的任务要求,有利于条线的纵向管理。

二是项目化运作。针对《关于推进依法治区 创建法治城区的意见》所确立的法治建设目标,区依法治区办每年都会研究下发法治城区的活动创建计划,以明确年度工作任务及项目。到 2009 年,项目化推进机制已日渐成熟,具体操作方式有围绕中心选项目、突出重点定项目、培育典型项目、建立机制抓项目等。且项目由项目化责任分解表和项目化推进表等具体工具予以统一管理和操作。项目化工作方式的推进带动了各成员单位工作机制的完善和规范,如区委组织部的党务公开机制、区政府办的政府信息公开机制、区法制办的行政执法责任机制、区城管大队的执法抄告机制、区人民法院的多元化纠纷解决机制等。且这些机制又将进一步保障具体项目的运行和落实。

三是注重调查研究与沟通联动。2008年,从文件的制定,到项目的具体落实,再到依法治区评估体系的构建,区依法治区办都很强调调查研究的重要性以及与其他依法治区工作成员单位的沟通,如召开区依法治区领导小组成员单位联络员工作会议征求各单位意见、走访区依法治区领导小组成员单位、听取成员单位对今年落实的项目进行细化的设想等。所搜集的意见涵盖面也相当广泛,如市场秩序的规范、法律知识的培训、评估考核的操作等方面。围绕依法治区评估体系的构建,更是不遗余力地进行调查研究,包括学习余杭区、徐汇区等区县的做法,听取专家学者、市司法局、依法治市工作处的建议等。

四是强调法治建设的外部监督。在《关于推进依法治区 创建法治城区的意见》和Z区2008年法治城区创建活动计划制定过程中,区依法治区办便召开了部分人大代表、政协委员、律师的座谈会,听取修改建议和意见,并予以了认真对待。随后,政协委员、人大代表参与依法治区工作的监督和决策则作为一项重要建议来提出,走出了法治建设监督社会化的重要一步,并得到了各委办局的积极响应。如区人民检察院通过建立长效联系工作机制,自觉接受人大代表、政协委员的监督。

五是重视依法治区评估体系的构建与工作模式的完善。依据全国普法办发布的《关于开展法治城市、法治县(市、区)创建活动的意见》中对于"加强检查考核,促进工作落实"的精神要求,区依法治区办也提出了构建科学的"法治城区评估体系"的明确任务,并成为依法治区领导小组成员单位间沟通讨论的重点内容之一。在最初的讨论中,区法院便提出评估体系应当与绩效考核有机结合,区公安分局则认为评估体系应当具有可操作性和可比性,而且考核标准应当统一。此外,区依法治区办还积极借鉴其他区县的经验,并听取专家学者、市局相关工作人员的意见。至2009年4月,区依法治区办已拟定了Z区依法治区工作评估体系及责任分解表,明确了评估体系制定的背景、原则和架构,并逐渐完善。至2009年9月,已形成"依法治区项目化运作融入法治城区创建评估指标体系的工作模式"。至2012年,确定为"一年一考评、五年一总评,社会评估与内部考核相结合等评估工作机制"。

六是创新并完善第三方评估机制。伴随着依法治区评估体系的定型,如何实施操作这一评估体系自然成为紧跟其后的重要问题。区依法治区办并没有局限于内部考核,而是强调社会评估与内部考核相结合,逐步摸索第三方评估机制。2009年8月31日,区依法治区评估体系实施工作的座谈会正式召开。在该次座谈会上,司法局(评估委托方)与第三方评估课题组(评估方)详细讨论了第三方评估的实施计划、实施方案、评估报告和评估费用、联系方式等内容。这也意味着第三方评估工作机制在Z区正式启动并一直延续至今,而且评估方式也在逐年完善。

第三节　Z区法治第三方评估实践概览与特点分析①(2009—2013)

Z区法治建设的考核工作自开展法治城区创建活动便在酝酿并逐渐实施,但起初只是内部封闭式的操作,不过其走向开放式评价亦是比较早的,即自2009年开始便尝试委托法学专家进行专业评估,但真正实现社会化评价的确是经历了一个边实践、边摸索、边调整、

---

① 笔者依据历年Z区依法治区评估报告整理。

边完善的过程。总的来说,法治第三方评估在Z区的发展是"在稳定中有变化,而变革中又有保守"。具体来说,负责评估执行的第三方评估课题组有更换,评估的具体方式有不同,评估的面相有微调,评估报告结果的呈现形式也是逐渐丰富的。以下主要梳理2009—2013年的法治第三方评估实践,并作简要分析。

一、2009—2013年法治第三方评估概览

2009年是Z区法治评估对外开放的第一年,由H市政法学院和H市法学会教授共同组成的社会第三方评估小组,围绕依法执政、法治政府、司法公正、法制教育、基层民主5个方面的18项任务,设定了43项评估内容和106个评估标准。评估课题组参照Z区推进依法治区、创建法治城区的意见,结合各委办局的自查自评报告和专家视野,对Z区2009年的法治创建工作进行综合评估,评估报告包括"总体评价、推进情况、存在问题和专家建议"四大部分。其中,"总体评价"以"推进、创建工作"为主题作出了任务确定具体务实、责任分解细致明确、组织工作扎实有序、评估体系初步建成、内部考评成果显著等肯定性评价。"推进情况"则是对执政、行政、司法、普法、法律服务、基层治理、监督体制等法治建设方面进行具体的经验总结。"存在问题"分依法执政、依法行政、公正司法、社会维稳、基层民主五个方面进行简单梳理。"专家建议"则主要针对法治工作格局和法治评估体系两个方面,尤其对完善法治评估体系提出了详细的法规清理式的建议。

2010年是Z区法治第三方评估的第二年,区司法局便另行选择了第三方评估机构,委托H市行政法制研究所和L大学法律社会学研究中心共同组成第三方评估课题组,进行内部考核与社会评价相结合的综合评估,包括区人大、区政协、区政府及其委办局、法院、检察院和乡镇街道的35个单位对107项工作指标的自查自评的内部考核,以及人大代表和政协委员对25个测评指标的测评意见,最终

形成了以总体评价、推进工作的基本情况、存在的主要问题、专家建议为主体框架的评估总报告以及依法治区工作满意度社会评价报告。总体评价围绕推进创建法治城区的组织工作、项目化推进以及目标实现情况进行总结;推进工作的基本情况则肯定了地区在依法执政、依法行政、公正司法、法制宣传、法律服务、基层治理、监督等七个方面的法治成绩;存在的主要问题涉及依法执政、依法行政、公正司法、基层民主建设四大方面;专家建议依旧围绕完善第三方评估机制来谈,包括满意度测评结果的重要性和意义、测评主体范围的拓展以及完善评估指标体系的方法。

2011年的Z区法治第三方评估项目由L大学法律社会学研究中心的第三方评估课题组独立完成,是部门自查自评与社会评价相结合的综合评估,即结合了被评估单位对75个工作指标的自查自评,以及人大代表和政协委员对25个测评指标的测评意见,形成了以总体评价、存在问题、专家意见为主体框架的评估报告。总体评价总结了Z区法治建设在方式、手段、重点、价值目标等方面的工作特点;存在问题则依据部门自评以及社会测评两个方面的意见梳理了执政、行政、司法、法律服务、法制宣传、社会建设、法治监督七大方面的问题;专家建议主要内容包括推进基层民主建设、编制执法规程、扩大法治监督主体、整合社会力量。

2012年的Z区法治第三方评估项目亦是由L大学法律社会学研究中心的第三方评估课题组独立完成的。但是,与前一年相比,评估方式更多样,不仅有问卷调查,还有团体座谈和个别访谈;不仅有人大代表和政协委员的满意度调查,还有企业负责人、社区居民/村民的满意度调查。因此数据分析报告类型更丰富,并以此为基础形成了综合反映地区法治建设状况的评估总报告,总报告包括总体评价和工作特色、依法治区工作推进情况、评估中发现的问题、对策与建议四个部分。前两个部分重在推广Z区法治创建的优秀经验,后两个部分则对接于社会评价结果,即为公众所反映所关心的法治问题或建设不足,比如党务公开有限、执法人员专业素质不高、法制宣传缺乏创新性、基层民主建设的透明度不够、法治监督严重不足等问题。建议则从补问题、补短板的角度一一拟列。

2013年的Z区法治第三方评估项目是由L大学法律社会学研究中心和H市行政法制研究所联合完成的。其中,行政法制研究所负责依法执政和依法行政两大块的评估,L大学法律社会学研究中心课题组负责法律服务与法制宣传、基层民主建设和社会治理、公正司法与法治监督三大块的评估。L大学法律社会学研究中心负责所有问卷的设计、发放、回收统计以及座谈会的召开,并负责最后的评估统稿。此外,在人大代表和政协委员问卷调查、社会公众问卷调查和企业问卷调查以及团体访谈和个别访谈的基础上,还增加了"网络新闻报道"这一资料搜索途径,重视媒体的监督权,从而将典型的法治事件结合进评估报告的分析中,最终形成了自2009年首次评估以来最为详细的数据分析报告以及质性材料与统计数据相结合印证说明的评估总报告。评估报告框架与2012年的一致,但具体内容具有年度特色,而公众所反映的问题也有差异,而且更为细致,比如与普通群众和人大代表、政协委员相比,企业负责人对反腐倡廉工作评价最低;比如个别部门在依法行政中存在懈怠敷衍的问题;比如法制宣传经费保障不充分的问题;比如中青年以及经济状况较好的居民在社会自治中的实际参与率不高;比如社会公众对司法成本(尤其是时间成本)提出了挑战等。

二、Z区法治第三方评估的实践特点与变迁脉络

从以上历年法治第三方评估的内容简介,我们还可进一步分析法治第三方评估的实践特点,对比历年的差异与不足,并从中发现法治第三方评估的发生规律。

2009年的法治第三方评估具有如下五个特点:第一,首次法治第三方评估是一项纯粹的专家评估,并没有社会公众的参与,法治第

三方评估中的第三方即指专家学者。第二,法治第三方评估的评估内容是依法治区推进工作及其落实情况,因此此次第三方评估只是借第三方专家之手进行的法治绩效评估。第三,经验和问题的总结均以质性的描述为主,没有精确的可视化的数字说明。第四,建议并未对应于问题,而是着重于评估指标体系的完善。可见,作为首次第三方评估试水,2009年的法治第三方评估并没有成熟的评估理念,也没有成熟的评估方法,但它开启了地方政府委托第三方评估机构进行法治建设评估的大门,为后续专家系统和社会系统民主参与政治提供了窗口。

2010年较之2009年有了较大突破:第一,增加了人大代表和政协委员的社会满意度测评,真正开始尝试评价的社会化;第二,丰富了评估结果的形式,通过图表数据增强了评估的可视性;第三,用数据说话,令评估结论更具针对性;第四,建议不再局限于指标体系,而是放眼整个评估体系,对评估主体的拓展和评估方法的改进作了理论论证,从而更新了评估理念,这是专家系统文化资本介入的开创期。因此,2010年可说是Z区法治第三方评估的转折年,对公众满意度测评的接纳意味着法治第三方评估的第三方重点正式由第三方评估机构转向社会评价主体,确立了外部评估的核心理念。

基于2010年评估报告的理念重塑,2011年的评估及其结果所呈现的最大特点是第三方评估机构在评估时具有更大的能动性,发挥了更强的专业性,表现在方方面面:第一,在结合Z区特殊发展情况,依据可操作性、定性和定量相结合等原则系统构建了一套评估指标体系,而且随后一直到2013年的评估均沿用此套指标体系;第二,从结果测量和产出测量两个角度进行法治状况评估;第三,更加重视调查数据的分析,以实际数字来标明法治建设的短板。

在2010年和2011年社会化评估实践的基础上,2012—2013年的法治第三方评估实施与结果较之前两年的评估亦有显著不同:第一,完全确认了公众参与法治第三方评估的权利,而且参与评估的主体类型也由人大代表、政协委员逐步向社区居民、村民、企业负责人等扩展;第二,更加重视评估数据的分析与应用,不仅有法治面相的单项分析,还有不同主体间的对比分析,是对社会公众意见的充分尊重;第三,评估建议回归法治建设本身,围绕法治主题针对问题提建议。

由此可见,Z区法治第三方评估的第一个五年也是法治第三方评估模式快速成长的五年,而从评估的诸多变迁中,不难发现法治第三方评估在起步阶段便已成形并保留至今的一些基本特点:第一,法治第三方评估是一项涉及执政、行政、司法、基层治理、法治监督等方方面面的系统评估工程;第二,尽管第三方评估小组成员构成不稳定,但其性质是同类的,即以高校科研机构为主且具有厚重的法学知识背景,可见,法治第三方评估的有效实施需要专家学者的知识支撑;第三,逐渐树立了由社会公众进行评价的法治第三方评估理念,并在评估操作中逐渐打开评估主体范围,即先是向人大代表、政协委员开放,而后又邀请居民/村民、企业负责人等主体进行满意度测评;第四,法治第三方评估的技术性完善是重点,包括评估指标体系的独立构建,评估方法的逐渐完善,评估数据处理方式的增强等。

由上可见,Z区的法治第三方评估胎生于Z区的法治建设,即第三方评估机制是法治城区创建过程中对配套措施的必然要求,从而为第三方评估的政治参与开放了通道。而第三方评估机构入场之后,凭借其民主政治的理念和信仰,通过评估工作的开展邀请了各类型社会公众入场。慢慢的,在Z区法治建设场域中,一个子场域,即第三方评估场域逐渐形成。虽然从表象梳理,我们似乎可以看到法治第三方评估在Z区实践中日趋完善,体现了民主政治的发展要求,存在通过社会主体的广泛参与形成法治建设共同体的逻辑可能。不过评估形式上的完善并没有真正带来实质上的法治变革,通过引导公众的民主参与以倒逼地区法治建设以维护政府公信力的愿景亦难轻易实现。作为法治第三方评估的主要参与者，深深品尝到了一种期待落空之感。这样一种现实焦虑，不得不激发笔者重新审视从评估决策的生成到委托第三方评估再到评估执行、评估接纳等整个评估过程，以解惑。

第三章　法治第三方评估场域的前驱动

早在1995年,苏力便在《变法,法治建设及其本土资源》一文中强调"中国的法治之路必须依靠中国人民的实践,而不仅仅是几位熟悉法律理论或外国法律的学者、专家的设计和规划,或全国人大常委会的立法规划"①。虽然他强调的是人民在法治建设中的创造性活动,即运用理性及其独特知识解决纠纷和冲突的办法。其实还应当包括他们对于法治建设的自省能力,只是这一类似卢曼所称的"二阶观察"并不必然发生,但是确实是值得开发的领域,而法治第三方评估无疑可称得上一种有益尝试。不过,在没有成熟经验可资借鉴且理想规划尚不明朗的情况下,Z区便摸着石头过"法治第三方评估"之河,成为我国法治第三方评估的先行者之一,的确彰显了其"敢于尝鲜"的果敢。而此勇气源自其所处的区域环境与内生诉求,亦表现在其决策启动过程中,本章将其界定为"前驱动",即法治第三方评估场域形成之前的驱动因素及驱动过程。

第一节　面向市场经济的行政压力

我国市场经济的发展已经历了三个关键的十年,并正在第四个

---

① 苏力.变法,法治建设及其本土资源[J].中外法学,1995(5).

十年上奋力前行。第一个十年是1982—1992年,以1982年党的十二大所提出的"计划经济为主、市场经济为辅"原则为基本转折点,到1992年建立"社会主义市场经济体制"的目标在党的十四大得以明确,市场经济在我国逐渐被接受并被探索。第二个十年是1992—2002年,在建设社会主义市场经济体制的基础目标下,这十年全国的市场化比例提高至70%左右。"撤二并一"后的新Z区正好建制于1992年,与中国市场经济的发展步骤相一致,新的区域条件、新的领导班子、新的组织机构、新的发展目标、新的政策支持、强烈的社会发展欲求成为推动Z区市场经济发展的强大动力。第三个十年是2002—2012年,2002年党的十六大强调要建立"完善"的社会主义市场经济体制,我国的市场经济发展开始进入"快车道"。2013年十八届三中全会的召开则预告了经济体制的深化改革是未来十年的重要目标,市场在资源配置中从基础性地位调整到更高层次的决定性地位。从"建立"到"完善"再到"深化改革",这就是中国三十多年市场经济改革的基本路线,GDP的增长举世瞩目,人民生活水平的提高也是有目共睹,但是生产力的发展并没有消除一切问题,发展的困境屡屡发生,挑战着各级党委及政府的社会治理能力。正是在这一基本发展背景下,Z区政府承受着来自市场改革、社会培育、体制创新等诸多难点突破的压力。而这些压力以及在压力下的自觉转型都是法治第三方评估得以创新的重要动力来源。

一、社会问题显著且顽固

总体来说,在政府强推和社会自觉的双轮驱动下,Z区着手渐进式经济体制改革,并大大地释放了该地区的经济活力,工业、服务业迅猛发展,就业机会增多,生产力显著增长,人民收入水平显著提高。自1992年起,Z区开始调整为H市工业服务的角色定位,专注区属产业的发展,第二、三产业的发展获得了显著的成果。从产业总量来看,经过十多年的发展,至2004年Z区第一次经济普查时,全区第

二、三产业的单位总数已达 24 261 个,吸纳从业人员 702 002 人,且这些数据在随后的十年间更是逐年攀升。2008 年第二次经济普查显示,全区第二、三产业单位总数为 28 983 个,较 2004 年增长 19.5%,吸纳从业人员 889 021 人,较 2004 年增长 26.6%。至 2013 年第三次经济普查时,全区第二、三产业单位总数已达到 35 048 个,较 2008 年增长 20.9%,吸纳从业人员 985 745 人,较 2008 年增长 10.9%。从经济效益总量来看,Z 区 2005 年生产总值为 734.95 亿元,2008 年为 1 120.40 亿元,2013 年已超 1 722.10 亿元,2005 年的财政收入为 195.01 亿元,2008 年为 319.30 亿元,到 2013 年则升至 529.47 亿元。大规模的产业发展令 Z 区经济扶摇直上,进入了快速城市化轨道,在 H 市的"十二五"规划中,Z 区的定位从原来的"郊区"转变为"中心城区拓展区"。

与此同时,由于就业机会多、交通便利、生活成本较市中心低等优势,Z 区逐渐吸引了大量的外来务工人员,成为典型的人口导入区和外来人口集聚区,人口总量随之增速迅猛。2000—2010 年,人口总数从 121.73 万人上升至 242.94 万人,增长了 99.57%,成为 H 市人口第二大区。其中来自外省市的本区常住人口从 41.21 万人增加到了 120.37 万人,增长了 192.09%,并且这一批人既为 Z 区的经济发展提供了主要的劳动力,也对 Z 区的社区管理、医疗教育卫生等公共服务都提出了不小的挑战。经济发展本身也由于体制改革不到位、思想认识不到位、操作过程缺乏长远规划等问题,而出现了诸多后遗症。同时,近几年开始出现的结构调整影响了工业总量,出现了工业投资增量持续减少、外贸出口总体低迷等问题,经济方面不再保持高速增长,面临较大的下行压力。在此背景下,经济体制的问题、城市化的问题、环境的问题等社会问题纷纷现身,给政府的社会管理带来了极大的挑战。

(一)经济体制的问题

近年来,Z 区市场经济发展所面临的诸多体制性的矛盾和问题日渐凸显,其中既有市场机制内部失灵激发的矛盾,也有政府干预不当或职能缺位的问题。究其原因在于政府部门对市场经济定位认识的保守与不彻底性,导致政府的职能转型、配套管理措施的提供等并没有跟上市场经济发展的急速步伐。一方面,政府过于注重GDP,面对市场发育不成熟及逐利本性引发的负面效应却没有出台充足有效的应对措施。另一方面,市场尚未在资源配置中起决定性作用,而是政府手握大量资源,对市场准入规则设不必要之限,抑制了市场主体的内生发展需求。而且,大量烦琐的行政审批不仅没有提高效率,反而造成该地区在工业发展、土地开发、农村经济改革等项目中滋生出了大量的权贵资本,权力寻租、官员腐败等问题亦是严重。以Z区二十多年来的大规模土地开发与房地产行业发展为例,有一批官员借助体制优势,果断下海投资房地产,利用其原有的人脉关系地价圈地赚取高额利润,同时行贿受贿之风加剧了官员的腐败。此类问题在"倒楼事件""强拆事件"中被接二连三地曝光,可见,诸如此类的现象着实不在少数,既扰乱了市场健康稳定的发展,也降低了民众对政府公信力的认可度,更成为深化改革时难啃的硬骨头。

(二)城市化进程中的问题

作为城乡接合部和人口导入区,Z区在城镇化过程中所面临的社会问题往往较城市或农村而言更为复杂,尤其是土地开发和外来人口聚居引发的社会问题。首先,相较于中心城区,Z区拥有更为丰富的土地资源和相对低廉的成本,且可预期的投资收益也相对较高,这激发了大量投资者的投资热情,令土地开发收益成为当地经济增长的重要引擎。但是,由于在规划中缺乏战略眼光和全局性,加之开发的盲目性,Z区早已进入开发的瓶颈区。四散的城中村落、破败的老工业区以及居住其间的大量弱势群体等成为Z区政府不得不面对但又暂无良方的社会管理难题。其次,Z区的劳动密集型企业、服务行业、房地产业吸纳了大量的来沪从业人员,满足了区域城镇化发展所需的劳动力资源,但人口增长过快也对区域的综合管理带来了诸多负面影响,尤以外来人口聚居区问题最大。一是聚居区虽然租金低廉但往往拥挤而杂乱,违章搭建的简易房更是存有严重的安全隐患,令外来人员的居住环境堪忧。二是聚居区的社会治安问题也比较严重,诸如偷盗、诈骗、抢劫等违法犯罪行为,流动人口与本地居民的矛盾纠纷,以及一些衍生经济引发的治安问题,等等。三是聚居区基础设施差加之卫生意识薄弱,使得环境卫生、计划生育等工作也面临严峻挑战。此外,还有诸如户籍管理、物业管理、农民出路等问题。

(三) 环境问题

Z区是H市的老工业基地,本就遗留诸多引发环境问题的企业,而新晋企业中也有不少藏有诸多污染隐患的企业,尤以重金属排放企业、医药制造企业、废酸产生企业和危险废物产生企业等四大行业为最。虽然Z区近年来在产业升级和经济转型上作了不少努力,但是大部分企业走的还是粗放型发展模式,在拉动地方经济的同时,造成了资源浪费和环境破坏等不良后果,至今尚未得到有效遏制,致使环境污染纠纷、环境信访日益突出。据Z区环境监察支队统计,近年来环境信访调处工作已经占到其工作总量的三分之一,可见因环境问题而引发的矛盾日渐增多。

以上这些社会发展问题阻碍了市场经济公平、高效、可持续发展的运行,而且无法通过经济自身发展来治愈,政府必须承担起解决这些问题的主要责任。既要用法制来规范市场秩序,更要用法治方式来治理社会问题。为此,自2010年起,Z区依法治区办确立了亟待依法整治的六项重点领域,即工程建设领域的突出问题、娱乐休闲场所"黄赌毒"、违法建筑、非法用地、无照经营、群租等,并通过专题研究、部门联动、先试点后推广等方式深入推进。

二、公民意识的觉醒与诉求

伴随市场经济的发展,人们逐渐脱离单位制的桎梏,开始在市场上寻求自由发展的机会。尽管需要自担各类风险,但是人们也在经济关系上逐渐获得了独立,且相伴而生的还有在政治和社会生活上的独立。相对来说,人们对各项经济、政治和社会活动具有选择与决定的自主性。Z区的居民亦是如此,面对各类环境问题、社会问题等,人们不再是消极地等待或被动地接受,而是有越来越多的人开始主动维护自己的权利。Z区居民在维护自身利益的方式上逐渐有组织化,且理性地运用法律武器直接向地区政府争取自身利益。可见,随着公民维权意识的日益提高,传统的行政管制模式已经不合时宜,政府需要且已逐渐在实践中转变管理理念。2007年发生的"磁悬浮事件"便是典型的例证。

2007年1月,H市正式宣布将建造磁悬浮工程,但这一本意在于造福公众的工程一经推出便遭到了沿线居民的质疑与抵制,尤其是该工程规划中心线的Z区居民。面对建造该工程将对居民的身体健康和财产权益造成损害等隐患,居民自发采取各种方式维权,并在同年3月中旬国家环保总局到Z区评审环评报告时集体上访,最终令评审无果而终。政府则在居民各种维权行动的重压之下,于2007年5月宣布项目暂停,着力优化项目方案与环评报告,两者先后于2007年12月29日和2008年1月8日重新上网公示。但是,民众对环保标准不一致、磁悬浮沿线居民健康受损等质疑并没有得到信服的回应,而且政府尚未为民众建立有效的诉求表达机制,因此大部分民众依旧采用各种方式表达意见。这充分说明,面对切身利益受损及有受损可能性时,民众维权、表达诉求的意识、渠道与水平均在提高。而且这种诉求表达的方式是冷静的和理性的,没有出现过激和非理性的后果,这些为政府构建政社间顺畅的沟通机制提供了良好的前提条件。

面对公民意识与权利意识已经成长起来的市民群众,市级、区级乃至基层组织均清醒地意识到那个"我说你做,我定你做"的时代已成为过去,传统的管理路径和工作方式已经难以满足居民的需求,为了重塑彼此间的理解、认同与信任,政府必须积极主动地探索与社会形态相契合的新型社会治理模式,并付诸实践。自 2008 年 1 月开始,政府转变行政方式,积极吸纳民意的姿态,主动拓展双方的沟通方式与渠道,其中包括在小区、机关、学校等各大公共区域张贴规划公告,依法召开听证会,组织领导专家团队与居民群体间直接对话,设立意见采纳登记点,开通电子邮件、电话、来信等意见表达渠道等。整个过程,各级政府力求通过确保信息公开透明、规范处理程序等方式来化解各类矛盾,且实践效果显著,居民在得到政府的有效回应后,前往意见采纳点表达诉求与意见。对于居民的合理诉求,政府能够认真听取,并给予积极准确的反馈,这意味着政社间的有效沟通正式步入正轨,各方的理解与共识也在互动中逐渐达成。

虽然磁悬浮项目最终未能成形,但不可否认该事件乃是 Z 区民主法治建设进程中重要的里程碑事件。伴随该事件的发生发展,政府也利用此重要契机进行行政改革,突破了一些传统行政方式的困境,尤其是在提高政府信息公开的完整性、公信力和时效性方面做了很大的努力,群众诉求表达与利益调节的长效机制也在应对该事件中得以构建并逐步完善。因此,社会各界对政府的应对行为给予了较高的期望,即成为"政府理性应对群众诉求的样本"。

不仅如此,基层政府在感受到传统行政方式不合时宜的痛苦之后,还在"磁悬浮事件"后付诸了更多创新且有积极意义的治理实践。可见,经济增长曾在过去几十年一直主导着各级地方政府的发展思路,但随着对生态问题、社会治理问题等成为政府工作的重要面相,上级政府对下级政府考评指标结构也在进行调整,加上公众权利意识的逐步增强,地方政府必然要将注意力部分转移到法治建设、生态文明建设等方面来。所以,相较于改革开放初期,政府在经济建设领域上的注意力已部分转移到法治建设领域。

三、显化的传统管理模式困境

然而,尽管 Z 区依法治区办近年来在推动依法整治各领域问题上作了不少努力,但现实中传统体制的各种问题依旧严峻、隐患依旧非常深,危及政府公信力。而且,要各部门突破传统管控模式的困境,创新治理模式,大幅提升行政效力却并非易事。此时,一些出乎意料的"大事件"的发生反倒成为地方政府透视深层次的管理问题,并令政府痛定思痛实施全面改革的重要契机,比如2009年突发的"倒楼事件"。

6月27日清晨5点30分左右,Z区"莲花河畔景苑"一栋在建的13层楼房整体倒覆,施工人员四处逃散,其中一名工人逃错方向而被埋身亡,附近早起居民更是在目睹这不可思议的一幕后久久不能平复情绪。由此,业主及附近居民胆战心惊,引发了社会各界的普遍关注,一时间成为中外媒体追踪的热点,社会舆论亦是风起云涌。该事件中的政府治理、第三方介入、业主维权、企业担责等一系列事项,均是在公众的广泛关注下进行的。

从遇害者家属的角度来说,他们需要得到充分赔偿的回应。7月4日第一次死者家属与死者生前所在的装潢公司间的善后处置并不顺利,出现了纠纷及肢体冲突,直到民警的调解介入方停息。直到7月7日在司法人员的调解下,死者家属与装潢公司才完成了赔偿协议的签署。从业主角度来说,他们关心的是个人的财产权益和居住安全等问题,并为此维权。7月4日,百名业主开始维权要求理赔,但开发商直到7月11日才公布倒覆楼理赔的初步方案,而且并未得到业主的认可。7月12日下午,区政府出面协调,开发商出具第二轮赔偿方案,双方再次进行沟通,但仍未果。又经几轮商谈与协调之后,直到11月18日业主赔偿工作才宣告基本结束。在这一过程中,无论是死者家属与装潢公司间,还是业主与开发商间的直接调解最初都处于冲突状态无法得出有效结果。可见,这一社会影响巨大的公共事件,不是市场主体与社会主体间进行简单协商便能解决的,政府此刻的立场和处理方式的抉择显得尤为重要。而且,此类危机事件既对政府的行政能力提出了挑战,亦是其维护政府形象、树立政府权威的难得机遇。

于是在事件处理过程中,政府第一时间确立了其"公共利益的维护者、查明事实真相的组织者和各方利益的协调者"的身份,并随后对该事件进行了一定的行政干预处置,包括事故发生当即的黄金24小时抢救以及事后长达8个月的事故原因调查、协调业主赔偿、判决事故责任人等事项。6月27日当天上午,区政府通过居委会紧急疏散事故发生地附近的132户居民至某小学休息,提供必要的食品和医疗保障,区司法局随即调动10名律师(之后增至30名)组成三个接待小组到现场听取购房者需求、提供法律咨询服务,及时疏导利益最相关者的焦虑情绪。6月28日,由市政府牵头组织地质、水利、工程等方面的13位专家调查组进行倒楼原因调查,7月3日首次公布调查结论,7月28日再次公布调查处理结果,确定事故性质为"一起'社会影响恶劣,性质非常严重'的重大责任事故",最终6名事故责任人依法被判刑3—5年。

可见,由于社会主体相较于市场主体仍处于弱势状态,政府首先是以公众利益保护者的角色处理该公共事件,而且政府已经意识到传统的行政管制模式或群众动员式的处理方法均难以奏效也无法令公众信服,因此,需要求助于"协商"与"法治"以稳步解决事件问题避免扩大化,以体现其服务型政府、法治型政府、透明型政府应有的担当。因而在组织地质、水利、工程各方面专家对事故原因的调查,追究事故责任人,保障业主权利等处理过程中,充分展示了强大的行政协商能力。而且在整个处理过程中,信息公开的及时性与透明度更是在国内外媒体及社会公众的共同注视之下,达到了前所未有的高度。法治思维亦开始成为政府部门处理危机事件的主导思维,包括聘请律师队伍进行专业的法律咨询解答、依法追究事故责任人的刑事责任等。尽管政府部门在事件处理过程中做到了对民众(购房者和死亡建筑工)利益的保护,但仍旧掩盖不过"官商勾结、贪污腐败"等浮出水面的问题所造成的对政府公信力的损伤力度。因为追根溯源,之所以发生该倒楼事件,除了开发商的问题之外,也充分暴露了政府在市场监管上缺位、越位、错位并存,而内部自我监督体制更是不健全。因此,倒楼事件后的应急处理尽管令整个事件看似平稳过渡过去了,而且也有很多对政府行动积极正面的报道,但依旧留下了不少难消的疑云①,诸如"事故原因真的已经明确无误?""'镇长助理'真是私下任命?""那么多'违规''违法'之事为何事先没有一点察觉和纠正?""'从重从快'是否是处置突发事件的良方?"等,足见该事件对政府公信力的隐形杀伤。可见,随着公民权利意识的逐渐提升以及社会利益日趋多元复杂的情况下,各方对政府依法治理能力的挑战也是节节攀升。

以上经济、社会、政府体制放射出来的压力意味着,再一味维持原有的管理习惯已不可能,法治不只是国家战略的顶层设计,而是需要一一落实到地区建设之中的软实力。然而,实际的法治水平、法治建设中可能存在的困境、应当的突破方式等基本信息与革新技术于政府来说都是不全面不成熟的,因此要突破当前法治建设的瓶颈需要机制的创新,而法治评估运动的兴起及其所带来的文化效应便恰逢其时地传播到了Z区,并借助专家学者的解读令其简明化且易于接受。

第二节 国内外法治评估运动的文化渲染

尽管Z区法治第三方评估并未直接照搬国内外其他法治指数的具体指标,但从形式上来讲也是世界众多法治评估类型中的一类,其基本做法同是通过一系列指标体系来评估地区法治建设状况。而且深受国内外法治评估运动文化传播的影响,包括评估的指标化理念、

---

① 参见百度百科,"H倒楼事故"词条,http：//baike.baidu.com/link? url＝34NaoHsEKxMCrqF＿2Bp05BUzixP1Se＿1hAo0ZzDY06SkB5QVjYKb4IhgyB8nCjANr＿l8iWrEePYcEmqHXkanDa。

评估的公众参与理念等,而这些文化传播的历史脉络可追溯至社会指标运动,且爆发于法律与社会发展运动中的法治评估运动,并直接促动同期国内其他地区法治评估实践。专家系统则在文化传播中起到了不可或缺的桥梁作用,通过对评估知识的解读、解构与本土化的重构进而灌输到政府系统。这也是专家学者能够首先赢得政府信任并率先得到政府的法治第三方评估课题授权,实现地区的政治参与的重要原因之一。

一、社会指标运动的发展

社会指标运动是指20世纪60—70年代的社会指标研究热潮。这一运动首先在美国等西方国家兴起,有其深刻的社会历史背景及原因。二战结束,西方国家迎来了经济的飞速发展,但与此同时,环境污染问题、老年问题、犯罪问题、能源问题等社会问题也纷纷出现,民权运动、学生运动、妇女解放运动也是此起彼伏,决策者、学者和科学工作者都意识到单纯的经济政策和经济改革已无法应对,必须出台综合性的社会对策,而若要政策有效必须依据准确统计的社会信息。因此,社会指标作为与经济指标有着类似功能的工具被赋予重望。这是促发社会指标运动的第一大内因。其次,社会现代化发展逐渐走出"唯经济"的目标定位,日益重视社会需求的满足状况,原有的经济指标难以反映社会发展的真实状况,迫切需要能够衡量社会整体状况的综合性指标。再者,政策计划在现代社会发展中的作用日渐突出,政策计划结果的事前预测、事中监测以及事后弥补都需要科学的测量方能实现,尤其是预测能够有助于优化决策,而准确的预测则需要通过一系列科学的指标来实现。

社会指标运动便是在以上诸条件的支撑下逐渐兴起的,并逐渐由美国传播到全世界,其中比较重要的指标研究活动[①]是经济合作与

---

① 郑杭生,李强,李路路.社会指标理论研究[M].中国人民大学出版社,1989:19.

发展组织、联合国经济与社会事务部统计处、联合国社会发展研究所等组织的社会指标研究。但是,这一研究热潮在70年代末80年代初便开始逐渐消退,这背后既有社会环境变化的外因,也有社会指标内在缺陷的内因。但是研究热度的降低,并不代表实践的终结,社会指标的构建及实施已经成为政府部门的例行任务[①]。而且在美国等发达国家的"衰落"并没有影响其他发展中国家的研究热情,正好契合发展中国家的社会发展阶段所需,中国、南非等国的学界和政府倒是逐渐重视社会指标的研究、构建与实施,而且是在借鉴西方先行者经验、反思其教训的基础上[②]。而且,近20年来,联合国、世界卫生组织、世界银行等国际组织对社会指标的研究与实践运用依旧保持很高的密度与超强的影响力,其中便包括法治指数的开发与推广。

二、西方法治指数的兴起与传播

西方法治指数实践最早可溯源到1971年梅里曼等人从事的法律制度定量研究,但真正在世界范围发生影响则要推延至20世纪末、21世纪初。其中比较著名的两个法治指数当属世界银行1996年推出的全球治理指数中的法治板块,以及"世界正义项目"2008年正式发布的世界法治指数,两者虽有先后之隔,目标指向也不同,但均是在全球化法治运动中发展出来的。

世界银行创建全球治理指数(WGI)旨在促进世界范围内的治理,但其更直接的功效在于为各类投资者、捐赠者、援助者提供决策参考,优化投资选择与收益预期。为此,从言论与问责、政治稳定和杜绝暴力/恐怖主义、政府效能、监管质量、法治、控制腐败等六个方面来考量一国政府的施政水平。法治是其六大一级指标之一,用以

---

① Zapf, Wolfgang, Social Indicators Newsletter, Social Science Research Council, No.10(Nov. 1976).
② 彭宗超,李贺楼.社会指标运动源起、评价及启示[J].南京社会科学,2013(6).

衡量"政府是否尊重公民以及建立管理经济社会活动制度的情况"[1]。世界银行将其定义为代理者在多大程度上对于社会规则有信心并遵守，包括合同的执行和财产权利，警察和法院，以及犯罪和暴力行为的可能性，并从 26 家数据机构提取了 77 项相关数据以充实该指标[2]，主要包括政府部门法治工作的客观内容，以及民众对政府法治行为的主观评价两大类。这些指标的数据来源也是非常广泛，包括个人或国内企业的调查、国别分析师的看法、专家的评估意见、民间组织采集的数据以及商业信息提供商的评级评估等[3]。因此，WGI 以数据庞大而丰富为其显著特点，其结果既可以应用于同一时期国家间的横向比较，也可以应用于国家不同时期的纵向比较。但是值得注意的是这种对比只是相对的，存在一定的误差，难以对一个地区或者国家的具体情况进行迅捷的反应，因此只能作为地区治理状况的一种补充评价方法[4]。

不同于法治指数只占全球治理指数六分之一的小比重，"世界正义工程"发布的世界法治指数则是全球第一个以量化方式全面衡量各国法治状况的专项指数，是第三轮世界法治运动的重要动向之一，且到目前为止已修正了多个版本。有学者对历年的法治指数进行了详尽的对比分析[5]，如法治指数 1.0 版本中共有 13 个一级指标和 49 个二级指标；法治指数 2.0 版本中共有 16 个一级指标和 68 个二级指标；法治指数 3.0 版本中有 10 个一级指标和 49 个二级指标。而 2015 年新发布的法治指数所衡量的具体项目减少到了 8 个，即对政府权力的制约、无腐败、公开政府、基本权利、秩序与安全、监管执行、民事司法、刑事司法。不过具体指标虽有调整，但其所遵循法治的四

---

[1] 鲁楠.世界法治指数的缘起与流变[J].环球法律评论，2014(4).
[2] 俞可平.国家治理评估：中国与世界[M].中央编译出版社，2009：145—149.
[3] 俞可平.国家治理评估：中国与世界[M].中央编译出版社，2009：123.
[4] 俞可平.国家治理评估：中国与世界[M].中央编译出版社，2009：121.
[5] 周尚君，彭浩.可量化的正义：地方法治指数评估体系研究报告[J].法学评论，2014(2).

项普遍性原则基本一致①:一是可根据法律对政府及其官员和部门、私人和私营机构问责;二是法律清晰、公开、稳定且公平,平等应用,保护基本权利,包括人身和财产安全;三是法律的制定、管理和执行过程可了解、公平且高效;四是正义由有能力、有操守、独立的代表和中立者及时实现,这些代表和中立者人数充分,有足够资源,且反映了他们所服务的群体人员构成。到2015年,该指数已涵盖了102个国家,动员了2 700多名专家、97 000多名普通人士,因此,有学者将其总结并誉为"世界上最复杂、最完整、影响最大的法治指数"②。2011年世界正义工程正式评价中国,强势吸引了中央政府与学术界的关注,学术界更是由此确立了为自己国家在法治评估领域争取法治话语权的学术抱负,激发了一波法治指数研究热潮,而学术研究的成果也为法治评估的地方实践提供了知识支撑,地方政府则更乐意将评估项目委托给高校科研机构。

三、中国法治指数的地方实践

法治指数在中国最有影响力的实践当属香港法治指数③和余杭法治指数。域外法治指数首先在香港完成了引领评估实践的任务,而余杭法治指数则是在借鉴了香港法治指数的经验和做法后在中国内地的首次试水。

(一)香港法治指数

香港法治指数自2005年开始实施,是由香港社会服务联会这一民间组织倡导和资助的,具有明显的独立性。具体来说是,从体制性进路设计一套指标体系,涵盖了法律的基本要求、依法的政府、不许有任意权力、法律面前人人平等、公正地施行法律、司法公义人人可

---

① 参见"世界正义工程"2015年6月发布的2015年世界正义工程法治指数报告。
② 赫克曼,尼尔森,卡巴廷根.全球视野下的法治[M].高鸿钧,鲁楠,等译.清华大学出版社,2014:9—10.
③ 戴耀廷.香港的法治指数[J].环球法律评论,2007(6).

及和程序公义等七方面。在具体操作中采取了量化和质化相结合的评估方法,首先是搜集可量化的法律数据,其次是公众对法治的主观感受度,再次是政府官员、法官、立法会议员和法律专业人士等行业专家的评估分析,以及外来专家对内行人士评价的检视,并将由三位法律教授、两位法律学生、四位非政府组织的代表、两位法律版记者所组成的比较组的评估结果与前面评审者的结果进行对比,以确保评估的准确性,最后经过加权平均得出一个整体的法治指数。

(二)余杭法治指数

具体来说,余杭法治评估体系模式是著名的"一四九"评估体系模式,即一个指数、四个层次、九项满意度调查。其中,一个指数是每年通过评估运用统计学的方法得出一个数值,用以简单而客观地表明余杭法治的整体状况。四个层次是总指标、区级机关指标、乡镇指标、农村社区指标。其中,总指标依据法治余杭建设的九大面相细化为九大具体目标:① 推进民主政治建设,提高党的执政能力;② 全面推进依法行政,努力建设法治政府;③ 促进司法公正,维护司法权威;④ 拓展法律服务,维护社会公平;⑤ 深化全民法制教育,增强法治意识、提升法律素养;⑥ 依法规范市场秩序,促进经济稳定的良性发展;⑦ 依法加强社会建设,推进全面协调发展;⑧ 深化平安余杭创建,维护社会和谐稳定;⑨ 健全监督体制,提高监督效能。从这九项一级指标又延伸出了 26 项二级指标、77 项三级指标,且辅助了具体的考评标准(方便打分)。区级机关指标则将余杭区的机构部分分为七大类,即党政机关部门、经济管理部门、司法部门、执法部门、社会服务部门以及公用事业部门,进而依各部门职责任务不同而分设评估指标,明确了各被考核部门及其相应的考核内容,具体的考核内容则操作化于"十一五"规划部署、"'三五'依法治区、'五五'普法教育"规划等法治余杭建设文件所规定的各项任务。乡镇街道层面则评估组织制度建设、依法行政、依法管理、法制宣传四个方面,共 31 项考核内容。村镇社区评估评估"组织制度建设、民主建设、法治建设"三个方面,其中农村社区各有 25 项存有差异的考核内容。九项满意度调查是公众对党委依法执政、政府依法行政、司法公平正义、权利依法保障、市场规范有序、监督体系健全、民主政治完善、全民素质提升、社会平安和谐的评价。

可以说,余杭法治指数是对香港法治指数的直接模仿,如遵循体制性的评估路径、运用量化和质性相结合的方法确定地区法治指数、强调评估主体的多元化等,甚至对评估所得数值的意义解读也是以香港法治指数为参照的。不过余杭法治指数也有自身特色:一是不同于香港法治指数由社会组织自筹资金独立完成,余杭法治指数则是由政府部门委托实施的,评估资金由政府系统所提供;二是余杭法治指数考虑了中国政府体制的框架结构,因而设计了纵向分级(区县乡镇村)的评估指标;三是余杭法治指数的指标设定依据可操作性原则是参考地区法治创建标准来设定的;四是余杭法治指数对人民群众评估意见赋值赋权重,直接影响法治指数的最终得分,而香港法治指数只是将公众感观数据作为评审者的测评依据而并不直接影响法治指数得分[①]。

此外,在国内有较大影响力的地方法治指数实践有法治昆明综合评价指标体系、广东省法治政府建设指标体系、四川省市县政府依法行政评估指标体系等,无形中形成了法治评估省际区县竞争性压力与跟风趋势,同时也为彼此沟通比对改善提升形成了空间。不过,不同于国外法治运动与我国香港法治指数的影响,余杭及国内其他地区法治评估实践的发生是直接吸引到了 Z 区司法局的关注。Z 区司法局依法治区办工作人员鲜有对 WGI 和世界正义工程的法治指数以及香港法治指数直接进行研究,因为两者环境和动因与中国内地情况截然不同,倒是学者尤其是需要负责法治评估项目的专家学

---

① 周尚君,彭浩.可量化的正义:地方法治指数评估体系研究报告[J].法学评论,2014(2).

者需要认真对待并借鉴之。但是,中国的法治评估实践,无论是享誉颇丰的余杭法治指数还是上文简单提到的其他省市地区的评估实践,其发生更易为司法局所接受并理解,而彼此的利弊也更有把握。可见,因为同属类似职能部门,法治评估实践所引发的竞争行为与学习行动意味更重。但是,法治第三方评估毕竟是由第三方评估机构负责操作,因此,西方法治指数所具有的实践意义和理论意义则通过专家学者之手(研究与应用)间接影响到了Z区的法治第三方评估实践。

第三节　诉求与法治第三方评估的决策机制

由此,在本地社情条件的内部诉求和法治指数运动的外部影响的双重作用下,法治第三方评估可谓是蓄势待发,但这些毕竟相对于司法局来说还只是外部环境赋予的压力。而且,从Z区司法局作出委托第三方进行法治评估决策当时的情况来看,还没有哪一款法律条文明确规定必须建立第三方评估机制,上级领导也未下达这样的明确指示,可见法治第三方评估的政府决策并无强迫性机制作用。此外,在Z区启动法治第三方评估决策时,尽管有专家学者的呼吁和倡导,但并未形成通行的法治第三方评估社会规范,因此无社会规范的强力约束,也就是说法治第三方评估的决策过程无社会规范机制的强制作用。因此,就法治第三方评估的决策启动本身来说,是政府部门基于内在诉求,并在模仿、沟通等机制作用下的自主行动,而法治第三方评估的科学特点和功能定位也能够满足委托方的实务需求。

一、评估诉求与模仿机制

随着全国普法办公室对法治城区创建活动要求的明确下达以及司法局对依法治区工作的承接,Z区司法局便开始着手安排法治城区创建工作,而建立健全考核评估体系等长效机制也属其机构常规职能之一,因此紧跟法治城区任务的规划和布置任务之后便是配套相应的考核机制。而指标化考核想法的萌生不只是应自上而下的任务要求,更多的是对相似领域工作机制的学习和借鉴。

> Z区司法局依法治区办工作人员J:
> "那个时候也是想到任务落实以后要有一个评估机制,这个也是有点像参照文明城区啊。因为我们那个时候的局长是以前是文明办出来的,文明城区创建呢它沿袭了好几年了,现在都有,它全国都有这个文明城区的体系指标的。他认为既然你们全国法治城区么这种层面有点像的,所以他就说我们也要做这样一个评估指标。"

中央文明委在2005年便颁发了《全国文明城市测评体系(试行)》,Z区司法局局长之前为H市文明办负责人,受文明城区创建评估模式的启发,考虑将指标化的考核模式移植到法治城区创建过程中。因此,自司法局承接规范指导考核依法治区等职能之时,政治精英便萌生了评估的诉求,而且这种诉求本身是模仿所得,而回应这一诉求则也要借助模仿机制的辅助。

所谓模仿机制则是"各个组织模仿同领域中的成功组织的行为和做法"[1],模仿的原因在于"环境的不确定"[2],模仿的最大效果就是在不知道怎样做才是最佳方案的时候,模仿较为成功的案例,从而减少不确定性,并提升该项工作的成功率。此外,模仿也使得各地区具有可比性,能够形成对话,有助于该项工作机制或行动策略的完善。

在法治评估的爆发期,各地区向法治评估先行地区学习借鉴进而模仿的现象已属常见,包括指标的借鉴以及邀请同一评估专家进

---

[1] 周雪光.组织社会学十讲[M].社会科学文献出版社,2012:87.
[2] 张康之.以德治国:对合法性的超越[J].首都师范大学学报(社会科学版),2002(2).

行指导等。其实在中国内地首个法治指数——余杭法治指数的诞生也是基于对中国香港法治指数以及西方法治指数的学习模仿,而Z区司法局在作出法治第三方评估决策之前也曾组织团队赴余杭实地考察,Z区2009年制定的《Z区依法治区评估体系及责任分解》和《Z区依法治区评估体系实施办法》便借鉴了余杭法治指数的经验。

> Z区司法局依法治区办工作人员J:
> "余杭还是比较早的出来法治指数的,而且呢他们请了一大帮的专家。法治指数它包括方方面面,我们那个时候也到余杭去学习了。他们有一套非常详细的,分为党的建设、依法执政方面、依法行政方面、公正司法方面,所以我们也参照参照余杭的这个,总的框架脉络也是差不多的。"

可见,Z区法治第三方评估的决策启动受到了模仿机制的作用。而之所以要进行模仿,首先是因为自身缺乏相关经验。法治第三方评估作为一项创新的工作机制,在Z区并无传统做法可循,即使在同区其他领域有类似的评估实践,但领域不同则评估内容不同,指标体系的结构和具体指标也完全不同,因此向国内外同领域评估实践取经便成了启动前后的必要选项。其次是因为余杭法治指数成功效应的渲染。余杭法治指数自2007年开始设计,自2008年已经公布2007年的余杭法治指数,并在国内外引起了巨大反响。实务界组团访问,学术界群起研究。Z区司法局也组织了政府工作人员和专家学者一同前往考察学习,并在本地区评估实践中进行有意识的借鉴和效仿。

二、压力消解诉求与答案导向决策机制

由Z区司法局(主要是依法治区办)负责全区的法治建设统领之责,虽然满足了自上而下条线管理的便利性,但却让该部门陷入了"小马拉大车"的工作困境。

Z区司法局依法治区办工作人员J：

"我感觉不是很顺，有小马拉大车的感觉，或者是有些单位它是在司法部发的这个文以后它依法治市办是设在司法局的话，它的重心没有像我们这么全面的。它的重心完全放在法制宣传方面，因为法制宣传本来就是司法局的职能。你就看你法制宣传做得好不好，我把这个法治城区的法制宣传做好渗入到每一个村居委、渗入到企业就好了。没有做得这么全面的，做得全面的话，从职能上来说确实是比较累的我感觉。"

而这一困境有着多重表现：一方面是部门权威性不足，无法驾驭其他部门，对其他委办局形成强制作用，因而需要在法治建设实践中花费大量的精力用以协调关系，而关系好坏则决定了其对法治工作的配合程度；另一方面是由于信息不对称，Z区司法局难以全面真实地掌握地区法治建设中的深层次问题和真实困境。但是，从其职能设置上来说是，Z区司法局依法治区办又是地区法治建设的参谋部门，需要承担有效监督地区法治建设并提出有针对性的指导意见的职责，这也是该部门存在的主要意义。因此，Z区司法局依法治区办亟须机制创新以化解工作压力、提升工作效能。但是，权威性不足的问题并不是司法局自己能够解决的，除非将职能部门转移至区党委或人大机构，因此，"在其位谋其政"，司法局依法治区办将重点放在突破信息壁垒寻找法治问题上。而问题到底是什么，到底有哪些，这是司法局无法确知的，那么为了寻找答案需要创新工作机制，因此，法治第三方评估决策的启动也受到了答案导向决策机制的作用。

所谓答案导向决策机制是指组织得到一种新的手段、技术或认识角度后便有意识地使用它们来寻找问题、解决问题[①]。首先，基于之前的考察学习，Z区司法局已经对法治指数及其运行机制有了一

---

① 周雪光.组织社会学十讲[M].社会科学文献出版社，2012：301.

定的了解,即由高校科研机构的专家学者组成第三方评估课题组,有一套系统复杂的评估指标体系和统计方法,有定量和定性相结合的评估方法予以实现等。其次便是有意识且不盲目随意的应用,主要表现在多次召开以法治第三方评估为主题的座谈会,与会人员包括Z区各委办局的依法治区联络员、市级机关的领导、第三方评估的专家、法学学者等。这类沟通探讨行动以听取专家意见,排除认知障碍形成评估共识、排除实践障碍制定工作计划为目标指向,从而为法治第三方评估机制的顺利落地保驾护航。

三、公众满意度诉求与效率机制

21世纪初,随着行政体制改革和政府定位的转型,公众满意理念逐渐被接纳,并具有执行的迫切性和必要性,于是公众满意度测评则在实践中成为转变行政管理理念、革新管理方法的代表性做法[①]。这一思维同样浸染到了法治建设领域,司法局已经意识到依法治区工作不是简单地对上负责、完成上级的任务安排,更重要的是对下负责,要让老百姓满意,由此产生了确认公众满意度的诉求。

> Z区司法局依法治区办工作人员J:
>
> "你既然是法治城区建设,你这个法治建设肯定要考虑到老百姓或群众的法治建设的感受度的。就是你政府认为你自己哪个方面做得特别好,或者我认为我哪个方面还存在哪些不足。但是可能或者是对企业来说他办理一些行政审批,或者对老百姓来说我打官司难这些问题,可能不经过这些问卷调查的话,一个是很难有这个说服力。"

---

① 尤建新,邵鲁宁,杨淼.公众满意理念及公众满意度评价[J].上海管理科学,2004(2).

可见,公众满意度测评并非专家学者强加给政府系统的,是司法局经过自我认知而内生出的诉求,但是要让公众满意度测评落地,得到真实可信的测评结果,这是需要技术、时间、人力等多方面条件等支撑的。若是政府在系统内完成这些条件的配备,并直接执行公众满意度调查,那将是一个耗时耗力却不讨好的大工程。既可能被诟病数据缺乏公正性和客观性,更会影响其本职工作的完成。此时,为了保证公众满意度测评的效率和质量,法治第三方评估决策得以启动,这是效率机制在法治建设评估领域运行的一种体现,并通过第三方评估机构制定和执行评估计划得以获益。

效率机制的核心内涵是用最少的投入获得最大的产出,这一机制早期在经济学领域广受推崇,经由新公共管理理论的传播也已影响到政府系统的思维习惯。委托第三方评估机构进行法治评估是一项符合效率原则的决策。从理论角度来说,政府系统也可以自己进行与地区法治相关的舆情的搜集及整理工作,且各部门也具有相应的工作部门及系统来负责。但是从现实角度来说,对法治整体面进行把握并不是某一部门所能完成的,司法局需要应对繁杂的日常事务,能力和精力是有限的,知识储备也不是短期能够完成的。因此对比理论与现实,司法局最终选择将评估任务委托给第三方评估机构。在支付一定额度的评估资金后,便可以将考核所需的大量时间、精力、技术转介到了第三方评估机构身上,从而不至于因评估面的拓宽、评估深度的加大而扰乱政府部门法治工作的原本节奏。同时也能借助专家学者的知识分子权威提升评估结果的说服力。而效率的体现从法治第三方评估的规划设计便已开始:① 第三方评估机构则需要负责运用专业知识设计评估指标、调查问卷、访谈提纲等,确保评估的科学性,并运用其专业而客观的眼光处各方信息中的噪声,诸如夸大与偏见等,从而确保所采集信息的有效性,竭力展现区域内最真实的法治状态。② 从其评估材料来说,法治评估的委托方司法局借助第三方的专业力量所搜集的信息,势必比其日常工作中所搜集到的自下而上的汇报材料要丰富得多。③ 在多元评估模式下,信息提供者的类型增加了,看问题的视角也随之增加,因而也有可能提出更多的可资改进的地方。④ 通过专业评估分析问题并提供可行性建议,进而为主管部门倒逼各委办局工作提供了客观的依据。

由此可见,司法局为第三方评估机构进入地区法治建设领域开通了直接的通道,是助力第三方评估网络得以构建的第一主体。而对于司法局来说,Z区法治第三方评估的发生不仅是其顺应外界压力和法治评估文化传播之势的变革,更是迎合了其应对内部管理尤其是考核并实现参谋角色的内在工作需求。从其本质上来说,法治第三方评估从其决策开始便彰显了其地区民主法治建设助力机制的特点。而开放的多元主体共同参与则表明法治第三方评估是符合社会共治精神的工作机制,是新型政社关系的体现。政府系统、社会系统、专家系统将在这一公共空间内共塑地区民主新形态。但是,这些预想效果的实现其实并不具有必然性,因为即使第三方评估机制从形式上是易于建立的,但要起到推动民主法治的实质作用却是困境重重。而这些困境贯穿于从评估委托到评估实施再到最后的评估接纳的各个环节。但是,当回过头来进行反思研究时,我们发现无论是司法局还是第三方评估机构,第三方评估的最初推动者们在上演了一场评估共同体的构建之旅之初都不免有些盲目,而对障碍无提前预设。当第三方评估机构乐观于空间的打开时,也没有意识到评估工作的真正难度所在,尤其是权力场域对其自主性的牵制。

第四章　法治第三方评估场域的客观运作与网络型构

在外部环境促动与内部意识觉醒的共同作用下，法治第三方评估成为Z区司法局的一项既定决策。经获区委书记批准、获区财政资金保障后，Z区司法局便着手决策执行，并寻求相关机构、部门、群体间的合作，评估场域由此萌发，并在第三方评估机构的操作中逐渐成形并逐年完善。在每一年的第三方评估项目执行流程中的首要也是最重要的步骤便是委托方考量并选择被委托的第三方评估机构，确定这一年的第三方评估课题组。由此，第三方评估机构便获得了携带特定知识资本的入场地区法治建设评估领域的机会，而且评估课题组所持评估的基本理念将决定进入法治第三方评估场域的成员类型和进入方式。到目前为止，法治第三方评估场域成员已包括评估委托方、第三方评估机构、被评估单位、人大代表和政协委员、社区居民/村民、企业负责人、法学专家等主体。不过，回顾Z区法治第三方评估历程可知，各类型场域成员并非一次聚齐，而是渐进参与进来的。第三方评估机构则起到了链接场域成员、资本的关键作用，评估场域的结构日渐稳定并显现出独有的特点。总体来说，在法治第三方评估场域最初兴起的探索阶段，是以形成合作评估的向心力为旨向的时期，但也因成员主体所处位置与所拥有资本的不同而潜藏共识难成的可能性。

第一节　第三方评估机构的
　　　　　考量与选择

在法治第三方评估的实践初期，能够实力担当法治第三方评估任务的评估机构十分有限，可供评估委托方选择的主要有两类：一类是专门从事市场调查、民意测验等调查工作的商业机构，如零点公司等；一类是高校科研院所（包括教授学者创办的社会评估机构）。纵观各地区的法治评估，既有商业机构承接的，也有科研机构承接的，而且以后者居多。Z区司法局亦从一开始便选择了由法学专家组建的第三方评估小组（2009），而2010—2013年的法治第三方评估都委托给了具备研究实力的高校科研院所，即L大学法律社会学研究中心。而之所以作出这样的选择，主要是基于对第三方评估机构的三个方面的考量，即评估团队负责人的学术能力与社会声望、科研机构的层级与学科优势、评估团队成员的层次与专业背景等。

一、评估团队负责人的学术能力与社会声望

Z区司法局工作人员曾在与笔者的交谈中明确表示："我们之所以选择你们团队，看中的就是你们Y教授的能力和名声。"可见，从委托方的立场来看，评估团队负责人的学术能力和社会声望是其考量第三方评估团队的首要因素。的确，评估团队负责人是整个第三方评估的灵魂人物，是第三方评估机构知识资本的核心来源，主导着第三方评估的基本理念和操作方式，代表着整个评估机构的最高水平。其不仅需要有评估的实践经验，更要有扎实的理论功底，有时其人脉资源对评估的顺利执行也将起到作用。而且，对地区法治建设状况进行评估是一项牵涉面甚广的系统工作，涉及法治的方方面面，是一项对专业技术和理论厚度要求颇高的工作。而简单的专项现状调查只要调查方式选择得当，技巧选用合理，即使缺乏理论支撑也能完

成。但是通过调查评估全面反映地区法治的基本状况,而且还要找到地区法治建设中存在的问题,得到真实、客观、专业的评估结果,这不仅需要评估理论的支撑,还需要法治理论的支撑,尤其是要做到"透过现象看本质"则更需要理论视角的专业解读。从这也可以理解为什么Z区司法局选择由学者带队的高校科研机构而非一般的商业评估机构来执行法治第三方评估。因为,纵然后者可以出色地完成现状的调查工作,却难以直接承担事实数据的深层次解读任务,而这正是高校教授和科研机构的优势所在,也是司法局的期待所在:"我们希望通过Y教授看到我们看不到但又感觉的确是这样的问题。"由此,高校科研机构主导第三方评估是Z区依法治区评估的关键特征之一,也是当下各地区法治评估的普遍特征,而支撑这一评估模式的是评估项目负责人的两种专家身份,即法学学者和评估专家以及身份背后潜藏的资本。

（一）法学学者

所谓学者,往往是指具有一定专业技能、学识水平、创造能力,能在相关领域表达思想、提出见解、引领社会文化潮流的人。Y教授的首要身份即是法学学者,作为我国最早从事法律社会学方向研究且著名的法学教授,其长期关注并研究我国法治发展状况,先后承接并主持完成了多项相关研究课题,如"人文精神和法制基础"、"转型期腐败问题研究"等。先后发表相关学术论文40余篇,相关论著、译著10余部,并创办了法律社会学专项期刊,大力支持法治研究者与司法部门工作人员的投稿。这些研究成果与学术实践不仅是其理论研究的结晶,更为其从事社会实践奠定了深厚的思想基础,第三方法治评估即是其理论知识实践化的重要方式之一。Y教授占据理论高地对评估的积极投入与深入思考,是Z区法治第三方评估得以有效开展的重要保障,也是评估工作从技术上升到理论、从表象深入到本质的核心支撑要素。

（二）评估专家

所谓专家,则指特别精通某一学科或某项技艺的有较高造诣的专业人士。Y教授除去法学学者的身份之外,还是第三方评估方面的专家,多年从事第三方评估的实践经验造就了其熟练的评估技艺。Y教授与Z区司法局首次合作依法治区评估是在2011年,而在2010年Y教授承接了H市依法行政状况的部分评估项目,即就企业和公众对政府依法行政状况进行了第三方评估。此次评估及其结果得到了市级层面的充分认可,并以《H市依法行政状况(2005—2009)白皮书》的形式得以发布,为全市各区县所关注。此外,作为市人大法律顾问,Y教授一直关注立法状况,并执行了多项立法后第三方评估,如《养犬立法后公众满意度第三方评估》等,数次评估报告均得到了人大领导的高度认可。由此,多年的第三方评估实践不仅积累了大量的评估经验,也为Y教授积累了评估专家的社会声望,并在业界形成了一定的影响力。在政府部门的信息共享下,Z区司法局对Y教授的评估实力有了一定的了解与信任。

由此,以评估专家的身份为基础,以法律社会学学者的身份为支撑,树立了L大学法律社会学研究中心第三方评估专业机构的第一大招牌,也是该机构从事第三方评估的知识资本的重要来源之一。

二、科研机构所在高校的层级与学科优势

L大学法学院法律社会学研究中心是投标Z区依法治区评估项目的第三方评估机构。除了法律社会学研究中心本身的影响力之外,L大学的层级及法学院的学科优势,也是第三方评估机构的实力象征之所在。尤其是在还不了解其具体科研人员及其科研成果的情况下,对其科研力量强弱进行评判的最直接依据来自该机构所在高校。而且,L大学的高校层级不仅是该评估机构层级的实力象征,亦是对Y教授研究水平的一种潜在证明。在我国,高校有着明确的层级划分,其中最受人青睐的无疑是"985工程"大学和"211工程"大学。如同用人单位更倾向于招收来自"985"和"211"高校的应聘者,L大学的社会声望也为以Y教授为主任的法律社会学研究中心竞争获

得评估资格提供了内在支持。事实也是如此，Z区依法治区评估首次委托的科研机构是H市一所市属政法类高校，第二次委托的便是由Y教授担任主任的L大学法学院法律社会学研究中心，而后者无论是在高校层级还是学科优势上都较前者更有竞争力。

（一）高校层级

具体来说，L大学1996年进入国家"211工程"重点建设行列，2008年获准建设"985优势学科创新平台"，且是国家首批实施自主招生改革的22所高校之一。L大学乃属研究型全国重点大学，学校有8个国家级研究基地、23个省部级研究基地、2个国际合作科研基地、55个校级研究所（中心），建有国家大学科技园，是全国6所首批建立国家技术转移中心的高校之一。此外，学校重视并鼓励对外合作交流空间的拓展，已与国内外180多个高校、企业集团和科研机构建立了长期广泛的学术交流关系。这些均为L大学积累了优良的社会声誉，建驻于此的便是L高校的可靠性和可信度，并成为L大学法学院法律社会学研究中心的实力支撑。

（二）法学院特色

L大学法学院是国内顶尖的理工大学法学院之一，是"H市卓越法律人才培养基地"，拥有理工科优势，是一个以文理交叉为特色的新型研究型法学院，下设法律系、能源和资源环境法研究中心、知识产权法研究中心、法律社会学研究中心、食品药品监管中心等科研机构。其中，法学院的法律社会学中心是中国较早成立且具有不俗影响力的法律社会学研究基地，Y教授便是该中心的第一任主任，自其成立起便一直负责该学科的研究发展，以及该专业硕士研究生、博士研究生的培养。此外，L大学法学院拥有法学专业一级学科硕士点，下设经济学、环境与资源保护法学、国际法、法理学、刑法学等五个硕士点。同时，已与10所海内外名校和研究机构建立长期的交流与合作关系，并与国内11家法院、著名律师事务所、专利所、企业等签订了产学研合作协议，同时还拥有一流的模拟法庭实验室。尤其是L

大学法学院所培养的博士、硕士、本科生都有着丰富的法学实践经验,而法治评估也是这些在校学生参与社会实践的方式之一,反过来Y教授所培养的学生也是第三方评估机构的基础人力资源。

（三）法律社会学的学科优势

在法学院诸如经济法学、环境与资源保护法学、国际法、法理学、刑法学等诸多学科中,"法律社会学研究"起着学科基础的支撑作用。法律社会学是L大学法学院的重点优势学科之一,是社会学一级学科下设置的二级学科博士点,是法学院硕士以及博士的必修课程,也是本科生的选修课程。该学科以Y教授为学科带头人,以法律社会学研究中心为重点研究基地。该学科及其研究中心主要以法律社会学基础理论、部门法社会学为研究方向,侧重研究法律社会学的基本原理与学科发展、法律制度与社会变迁、部门法的具体实施与社会影响,主要研究方法则是从社会学理论视角探讨具体的法律现象,并且十分强调实证研究。其中,社会调查研究方法的学习与运用也是该学科相较于法理学、部门法学的理论法学的优势之一,为导师与硕、博研究生灵活有效地运用于研究中。而且,Y教授申请获批的国家社科基金重点项目、教育部人文社科项目、司法部法治研究项目等课题,均为其研究生的学术研究提供了有益的方向启示,也为学生参与社会调查和学术会议提供了诸多机会。因此,作为该校的优势学科,法律社会学培养了一批拥有扎实的实践能力与学术水平的学生。

三、评估团队的成员构成

如果说评估团队负责人是体现评估机构最高水准的话,评估团队的成员构成则代表的是评估机构的整体素质。当然,简单地说L大学法学院法律社会学研究中心是Z区法治第三方评估的执行机构还比较抽象,真正决定评估实力的是第三方评估课题组这一具体开展工作的团队。因为法治第三方评估不是一个人单枪匹马可以完成的,评估的复杂性、系统性需要团队的合理分工与共同协作。同时,由于法治评估涉及党委、行政、司法等方方面面,单一的专业背景难以胜任,必然要求评估团队具有综合性的专业背景。此外,一个毫无评估经验的评估团队走马上任承担如此系统复杂的依法治区评估工作的话,效果也难以保障。所以,评估团队的素质也是评估委托方相当重视的一个资质,而决定评估团队素质的主要有两个方面,即课题组成员的专业背景与评估经验。因此,Z区司法局都很重视每次评估准备中课题组成员的组成,"课题组成员名单"是必须出具并被检验的重点材料之一。而这一材料也是笔者借以考察第三方评估团队成员构成的重要文献来源。

(一)评估团队成员的专业背景

由于第三方评估不仅需要娴熟的调查技能,还需要专业的研究能力,前者可以短期培训提高,后者却是多年积累才成。所以,Y教授组建的第三方评估课题组以青年教师、博士研究生为核心成员,以硕士研究生为主要成员,以少量本科生为一般成员。其中核心成员中既有教授、副教授、讲师,也有研究员、助理研究员之类。这些成员的专业背景从法理学到部门法学(尤其是行政法学),从法律社会学到统计学都有,并以法学为主,以社会学、统计学为辅。不仅有L大学法学院、社会与公共管理学院的专业老师,还有其他高校的部分专业老师,共同为第三方评估提供智力支撑,承担构建评估体系和评估方式、设计调查问卷、撰写并修改评估报告等任务。而具体的调查工作和基本的数据统计工作则由经过培训的硕士生和本科生负责完成。

(二)评估团队成员的评估经验

课题组核心成员有扎实的理论功底是其对评估工作有前瞻性把握的关键,而其已有的第三方评估经验亦是其优势之一。前面已经介绍,在Z区依法治区评估之前,Y教授曾承接过H市依法治市评估的企业版部分,亦承接过H市市人大的立法后评估,评估团队的核心成员一直跟随Y教授参与其中,在评估实践中积累了丰富的评估经验,包括如何将评估操作化、如何构建指标、如何设计一份有效度、有信度的问卷,还包括如何应对评估过程中可能随机出现的各种障碍等。这些经验,有些是通过一定的教训获得的,可转化为有效意见,在法治评估的准备阶段提前予以考虑,能够加强评估课题组对Z区法治第三方评估工作的掌控能力,减少不可控风险。简言之,Y教授所带领的评估团队,既具备理论基础,亦具备评估经验,为完成系统且复杂的评估任务奠定了基础。

由此,基于对课题负责人的能力、科研机构的层级、评估团队的素质等多因素的考量,Z区司法局依法治区办在2010年首次与Y教授的法律社会学研究中心达成合作共识,开启了Z区法治第三方评估的新篇章。如果说第一次签订评估合同还只是基于双方合意基础上的简单契约行为的话,随后在2011年、2012年、2013年的评估就引入了竞争机制,Z区依法治区评估成为一项重要的招投标课题,需要第三方评估机构出具投标书、参与竞标答辩。此时,会有不同的高校科研机构参与竞标,委托方对第三方评估机构的严苛考量也日渐明显。因此,看似偶然性的合作,仍然可以梳理出委托方对第三方评估机构的诸多考量因素,而且这种考量随着招投标程序的完善而日渐成熟,并体现在对标书的认真对待上。

此外,值得强调的是,政府与高校学术团队合作的发生与持续都离不开彼此的信任。在最初,第三方评估机制也许具有一定的符号意义,但并不明显,因为该机制在国内仍旧是一项初出茅庐的"产品",并无标准的系统,也未系统地符号化,因此,司法局对第三方评估机构的信任并不是基于吉登斯所认为的"专家体系"和"符号标志"。相反却是吉登斯所否定的个人品质与能力,正如依法治区办工作人员所说:"我们是跟你们Y教授合作。"在这里,第三方评估机构的负责人是一块招牌,也是政府与第三方评估机构建立合作关系的最初的信任基础所在,同时该负责人也成为评估委托方眼中评估责任的绝对负责人。因此,才会出现后期未达他们预期时的如是抱怨:

"我不怪你(课题组成员之一)写得不好,我们又不是委托给你的,我们是委托给Y教授的,他才是最终负责人。"

第二节 第三方评估团队的专业入场

在获得Z区司法局的正式授权之后,第三方评估团队正式入场,向评估委托方提取地区法治建设的相关资料,开始着手评估准备工作,法治第三方评估正式进入评估实践的准备阶段。而且这一阶段是第三方评估机构发挥知识的实践功能的最重要阶段,是一个将初步的评估设想具体化的过程,具体准备事项包括选择理论视角、运用评估技术、设置规范的评估流程等。同时,在这一准备过程中,为了确定调查对象和访谈对象,法治第三方评估场域的成员类型也被提前拟列出来。尽管经历了从简单合意到招投标这一逐渐规范化的合作模式,第三方评估团队入场后评估准备阶段的做法是基本一致的,并在摸索中逐渐完善为以下三个方面。

一、理论视角的选择

法治第三方评估是一项庞大的评估工程,评估指标的设计至关重要已是共识,目前学界的研究重点也在于此。但如何构建评估指标体系其实是一个见仁见智的问题,有的评估机构倾向于借鉴国外经验,参考大量域外法治指数的指标构建方法,甚至直接套用现成的指标体系。有的评估机构强调地方特色,主要选用政策性指标,延续绩效考核的主流模式,甚至直接套用内部考评指标体系。这两种法治评估指标的构建方法各有其优势也各有其不足:前者标榜为国际先进,但往往会遭遇水土不服的困境;后者大大降低了第三方评估的操作难度,但是过于迁就政府系统的运作而难以体现第三方评估的专业性和反思性。Y教授一早便对此有清醒反思,因此,他总跟评估课题组成员强调:"法治评估不应当是绩效评估。"并指导学生通过学位论文等形式进行理论研究和实证研究。在评估实践中,Y教授则领导评估课题组从民主法治理论视角出发,通过座谈研讨确立了以普遍性与特殊性、合法性与科学性、主观指标与客观指标、程序性指标与结果性指标相结合的指标构建原则。

(一)普遍性与特殊性相结合

法治指标的设定不能脱离现实,但也不能太过理论化,简言之,指标的设定需要普遍性与特殊性的结合。所谓普遍性,是从法治的基本规律来谈的。自古至今、从中到外,关于法治的思想与内涵可为琳琅满目,但有两点被视为共识,即"保障公众的权利"、"防止公权力的滥用"。这是法治的两条基本准则,也是法治指标选定的基本准则。所谓特殊性,是从法治的地方特色来谈的。法治的核心目标是普世的,但法治的举措在各国、各省市是有差别的,法治所达到的水平也是有高低的,因此在具体指标的设置必须兼顾地方特性。本着这两个原则,评估课题组在准备阶段收集了大量国内外法治评估(尤其是法治指数)的资料,以及Z区法治建设的文本材料,包括政策文件、新闻报道。从国内外法治评估资料中汲取共性要素纳入Z区法治评估指标体系,从Z区法治建设文本材料中梳理符合法治基本规律具有代表性的地方法治指标。

(二)科学性与合法性相结合

法治第三方评估作为反映地区法治建设状况、倒逼法治建设深入推进的创新机制必须具有科学性,评估指标体系的构建以及具体指标的设置均要符合该原则的要求,具体表现为:一是指标设置符合科学规范,要避免自相矛盾以及违反法治精神的指标;二是指标设置符合实证主义要求,通过概念化、操作化等一系列流程规范指标,确保最细一级的指标可直接测量。但是,光注重指标的科学性还远远不够,容易形成"公说公有理、婆说婆有理"的局面,导致不同评估机构出具的评估指标体系会有较大差异,难以树立权威,也无可比性。因此，指标还需寻找到共同的源头，即代表"合法性"的法律法规及政策文件等。法治乃依法而治，治理举措的源头便来自法律规范，因此指标的设定不能天马行空，还是需要从法律法规中进行梳理。正如哈贝马斯所论证的"合法性即合法律性"，让法律法规作为指标体系的源头，即是评估指标体系合法性原则的体现。

（三）主观指标与客观指标相结合

所谓主观指标是指可以供公众予以满意度评价的感觉型指标，而客观指标则是以统计指标表现出来的数值型指标。在政府已有的考评体系中，以任务安排的完成进度和实际情况为考察对象，往往更注重客观指标，设置了大量以有无某项工作，是否出现某种不达标情况等为考查指标。这些客观指标作为法治事实的一种表现形式，是应当吸纳于法治第三方评估指标体系中。但并不能成为唯一，正如Y教授所说："达到100％就一定好，不达100％就一定不好吗？最重要的是要让老百姓来说话。"因此，主观指标及其实现形式，即问卷的作用应当提请重视，敢于设立主观指标，接受老百姓的评价才是第三方评估的应有之义。

（四）程序性指标与结果性指标相结合

所谓程序性指标是指反映法治建设中程序性要求的指标，结果性指标则是反映法治建设结果的指标。在一个地区法治建设的规划中，为了实现一定的预期目标，往往是要将任务分解完成的，而完成的过程中需程序规范，也会以一定的结果呈现。而且，结果是检验程序是否规范有效的试金石之一，也是地区民众的期待所在，因此结果性指标的构建是必不可少的，如何构建具有代表性的结果性指标是评估课题组研究的重点。当然，有的时候结果的呈现并不是即时的，因此无法在一个年度内测量，这时候测量的重点还是应当在法治的程序规范上。

二、评估方法与专业技术

法治第三方评估需要遵循科学的理论立场，但要实现评估的操作化更需要评估方法和具体技术的辅助。而且,评估技术的选择不是随意的,而是与评估方法内在相关的,也就是说评估方法为具体技术的选择提供了方向,而评估技术的运用则是评估方法落地的表现。首先对于评估方法来说,第三方评估课题组拟采用定量与定性相结合的评估方法,避免偏颇一方。这也是沿袭自学术研究的习惯,定量研究和定性研究是社会科学领域的两大基本研究范式,定量研究侧重于、且较多地依赖于对事物的测量和计算,定性研究则侧重于、依赖于对事物的含义、特征、隐喻、象征的描述和理解[1]。两者在研究对象、研究目标和研究方法上均存在明显区别,功能作用各不相同但又可相补。研究者一般会依据研究对象和研究目的的不同而选择更为适恰的研究方法,而综合两种方法进行研究亦是比较常见的情况。Y 教授负责的第三方评估课题组便是根据法治评估之评估内容的复杂性而选择兼顾定量评估和定性评估。其中,定量评估是用数字和量度来呈现评估结果,量化评估则是用文字描述的方式来呈现评估结果,且这些量化数据和质性资料则分别通过不同的评估技术获得。其中,量化数据主要是通过满意度问卷的调查获得,并通过一定的统计工具。不过评估技术的使用并不是空谈,而是以评估指标体系的构建为基础,而设计调查问卷、访谈提纲等的技术性工作则是实现指标体系操作化的具体方式。因此,法治第三方评估的技术专业性便体现在将评估指标体系转化为可操作的评估工具以获取评估所需的量化数据和质性材料,并通过 SPSS 等专业工具对数据予以分析。Y 教授带队的第三方评估课题组所准备的运用于 Z 区法治第三方评估中的技术或方法主要有以下几项:

(一)问卷设计与调查研究的方法

如何设计一份有效问卷,这是社会调查方法中问卷法的基本知识,而社会调查方法是法律社会学学科的必修课程。风笑天的《社会

---

[1] 风笑天.社会学研究方法[M].高等教育出版社,2006:12.

学研究方法》和艾尔巴比的《社会研究方法》是国内外学习社会研究方法的两本重要参考书,其中均有专章讲解调查研究,如何设计问卷则是该章中的重点学科知识。具体来说,问卷设计应重视问卷的结构、问卷设计的原则、问卷设计的步骤、题型及答案的设计、问题的语言及提问方式、问题的数量和顺序等六大方面的技术学习[①]。问卷调查方式则有个别发送法、邮寄填答法、集中填答法、当面访问法等方法可选[②]。而调查的组织与实施一般需要经历选择调查员、培训调查员、联系被调查者、对调查进行质量监控与补充等过程[③]。这些问卷设计和调查研究的方法知识不仅为Y教授所熟谙,亦是第三方课题组成员所必备的专业知识。简言之,第三方评估课题组成员中负责问卷设计的工作人员将秉持"问卷需有规范的结构、具体问题的设置和表达应遵循相应的标准和规律、问卷问题的数量不能过大"等知识结构的指导从事法治第三方评估所需调查问卷的设计。而关于调查研究的方式和流程等知识亦是第三方评估课题组的必备技巧。

(二)访谈提纲的设计与访谈的开展

以往的评估或者因为没有真正认识访谈的意义,或者因为评估资金有限等原因,从而并没有真正重视访谈法在评估中的运用。但是Y教授带队的第三方课题组认为:"访谈法是社会学研究的重要方法,开展座谈会作为对问卷调查的一种补充,其功能是必要的,也是不可或缺的。"其一,作为一项系统庞大的评估项目,问卷调查、量表等评估方式依旧是主角,访谈只是作为一种辅助、数据印证的一种方式来采用。其二,访谈法虽是辅助的,但是却是必要的辅助,因为问卷调查所获数据的真实性、客观性并无绝对保障,存在偏差的可能性,访谈法是纠偏或印证相互关系的一个切入点。其三,访谈的类型有很多种,包括个体访谈与团体访谈、结构式访谈和非结构式访谈

---

① 风笑天.社会学研究方法[M].高等教育出版社,2006:158—170.
② 风笑天.社会学研究方法[M].高等教育出版社,2006:172—179.
③ 风笑天.社会学研究方法[M].高等教育出版社,2006:181—184.

等,适用于法治第三方评估实践的主要是半结构式的团体访谈/座谈会。其四,访谈不是随意开展的,而是具有科学规律可循的,包括访谈提纲的设计要求和访谈开展的方式技巧。也即,如何开展好座谈会,保证每位与会者能够充分发表其观点依旧是一项专业工作,有诸多要点需要注意[①]:① 提前确定访谈人数,一般以 5—7 人为宜,最多不超过 10 人;② 参与访谈者应当符合具有代表性、十分了解情况、敢于发言、相互间有共同语言等原则要求;③ 访谈员应当具有熟练的访谈技巧,有能力组织并引导会议的顺利进行,避免团体压力和从众行为;④ 访谈中要及时记录。这些均是社会研究方法中的关键知识,并一直在研究提升之中。

(三) 资料分析技术及研究报告撰写方法

问卷调查和访谈只是获取评估信息的方式,如何对大量的数据及文本信息进行统计和分析,呈现出具有可视化效果、重点明确的评估报告,这是评估后期至关重要的技术工作,是第三方评估机构专业性又一重大体现。其一,调查问卷回收以后先要进行包括审核、编码、录入、清理等四项工作的资料整理与录入,进而才能进入正式的统计分析。而统计又分为单变量统计分析、双变量统计分析、多变量统计分析等不同类型,而对法治第三方评估中群众满意度问卷数据的统计,主要还是单变量统计分析中的描述统计。其二,座谈会所收集的定性资料的分析也有规范的过程和方法可循[②]。其中,定性资料分析过程大致可分为三个阶段,即初步浏览阶段、阅读编码阶段和分析抽象阶段。定性资料分析的常用方法主要有四种,即连续接近法、举例说明法、比较分析法和流程图方法。其三,统计得出问卷调查数据和分析得到访谈核心观点之后,便需要将这些量化数据和质性材料进行整合并完整呈现第三方评估的过程和结果,而研究报告的撰

---

① 风笑天. 社会学研究方法[M]. 高等教育出版社,2006:258—259.
② 风笑天. 社会学研究方法[M]. 高等教育出版社,2006:309—315.

写规范和方法步骤也可为评估报告的撰写所参照。比较重要的撰写步骤①为：① 确定评估报告结构，包括导言、研究方法、结果、讨论、小结、附录等；② 针对结果和讨论部分拟定提纲，将结果部分分解并进一步具体化；③ 选用适当的主客观材料等"血肉"来填充报告的"骨架"。这些知识和方法是 Y 教授带队的第三方评估课题组成员的基本技能，而法治第三方评估也是实践并完善这些技能的重要途径。

除以上知识资本以外，L 大学法律社会学研究中心往期所承接的第三方评估项目也能为其从事法治第三方评估提供智识支撑。在承担 Z 区依法治区评估项目之前，L 大学法律社会学研究中心已承接并顺利完成了多项第三方评估项目，包括《H 市依法行政状况公众满意度评估》《养犬立法后公众满意度评估》等，积累了一定的实战经验。这些评估实践中既有成功的经验，也有一些失败的教训，无疑都是 Z 区依法治区评估可资借鉴的知识资本，成为评估前的预设，增强了评估的可控性，集中起来主要有以下三项：

第一，评估不能过于理想化，需要尊重实际运作规律。仅从专家视角出发，很容易形成一个理论引导实践的评估模式，尤其是评估指标的设计易理想化。但是尽管符合理论规律，却未必符合实际情况，其结果会导致评估指标的流产，而致使评估的空化。当然，也不能完全依赖甚至是套用内部评价体系。内部评价体系与社会评价体系两者构建的目标本身就不同，适用对象也不同，前者着眼于短期的绩效考核，以奖惩为目的，后者着眼于中长期的发展，以合法性的获得为目的。

第二，评估应当以合作为基础，而合作共识的形成需要相互理解。对第三方评估机构来说，评价主体是重要的合作对象，其配合对评估工作至关重要。因此，第三方评估不能仅从评估专家的视角出发，更需要立足于评价主体的角度。从具体问题的设计到问卷调查

---

① 风笑天.社会学研究方法[M].高等教育出版社，2006：320—322.

方式的选择，以及与调查对象的联系方法等，都要从对方的角度去思考，从细节处去提升评价主体的理解力和接受度，从而有利于实现评价主体对第三方评估的有效参与。

第三，评估应当依据规范的评估流程有序进行。尽管第三方评估还处于初期发展阶段，但是已经确立了一系列相对稳定的流程需要经过，包括指标设定—问卷设计—评估调查—资料整理与分析—评估报告的撰写与修正。这一规范流程，是实证研究者所娴熟并擅长的，亦是第三方评估专业性或规范性的标志之一。

三、与评估委托方的对接及意义

在评估准备阶段，第三方评估机构是主力军，但并非闭门造车，而是需要与评估委托方进一步对接。其中，既有面对面的交流，也有电话沟通，还有邮件往来，而沟通的核心是评估参考资料与准备阶段的成果，两项沟通文本的意义均不可忽视。

（一）评估参考资料

主要是评估委托方提供给第三方评估机构的有关地区法治建设的相关内部素材，诸如《H市法治城区创建活动评估体系》《全国法治城市、法治县（市、区）创建活动考核指导标准》等政策性文件，Z区各委办局法治建设任务规划与完成情况等实践，这些信息尽管可以通过政府信息公开网络、新闻报道等渠道获知一二，但往往只知其名不知其实，从外部是难以完整获取的。评估委托方则可依据自身的渠道便利顺利收集相关资料，而这些材料是第三方评估机构准确翔实地把握Z区依法治区工作的基本情况的重要窗口，也是第三方评估机构构建符合地方法治运行规律的评估指标的重要依据。

（二）评估准备阶段的保障性材料

即由第三方评估机构出具的准备应对法治第三方评估任务要求的素材，包括第三方评估课题组成员名单、评估工作步骤安排即内容、评估报告研究提纲等评估方案、第三方评估经费安排表、评估问卷和访谈提纲。这些材料一方面是有助于评估委托方了解第三方评估机构的实际操作方式,便于实时追踪;另一方面是有助于第三方评估机构获得评估委托方的理解与信任,便于争取资源支持。

第三节 法治第三方评估场域的结构与特征

随着评估委托方对第三方评估机构的考量和选定、第三方评估机构的入场准备,评估网络在两者的共同努力下逐渐搭建起来。而经过多年的实践,一个由评估委托方、被评估单位、评估受托方、评价主体、评审专家等多元主体共同参与的法治第三方评估场域逐渐成形。在这一新兴场域内,第三方评估机构是场域的名誉主角,承担着链接并动员各方主体、掌控评估进展的责任。但实质的主角应当是评价主体,第三方评估机构尊重公众意见的完整表达,评估委托方亦期待公众表达的真实意见。而被评估单位作为一个隐形主体,虽然在评估过程中与其他主体间的互动较少,但同样会对其他主体产生不可避免的影响。而不同主体所处位置、所持资本大不相同,主体间的互动模式其实早在设计评估方案时已设定并在评估实践中得以实现,而这些主体与结构的内在复杂性亦决定了法治第三方评估场域独有的特点。

一、评估场域的多元主体与资本

布迪厄在考察实践逻辑时遵循的基本上是"习性(资本)+场域=实践"的逻辑。然而,无论是习性还是资本都必须依托人或组织为载体,换句话说,是主体的活动令习性和资本得以展现或运作。因此,考察法治第三方评估场域,我们首先得对场域成员,即多元主体的类型及其资本进行系统认知。

第四章　法治第三方评估场域的客观运作与网络型构

（一）评估委托方

即委托第三方评估机构对地区法治建设状况进行评估的单位。Z区司法局是Z区法治第三方评估的委托方，作为政府机关其拥有的资本主要是政治资本。司法局的政治资本，具体来说有三点：一是司法局负责考核地区法治建设状况的职责，为此其有权要求其他委办局，以及必要的居委/村委负责人参与并配合第三方评估工作的开展；二是司法局所掌握的相对充分的地方法治资讯，作为规划并考核地区法治建设的核心部门，Z区法治建设的推进状况的信息都将汇总到司法局；三是第三方评估课题经费，是第三方评估机构开展评估工作的资金保障来源，这笔经费需要区财政统筹，由司法局争取也由司法局负责发放给第三方评估机构。

（二）评估受托方

即受委托方之邀、承委托方之责的第三方评估机构。L大学法学院法律社会学研究中心是Z区法治第三方评估的受托方，作为科研机构其拥有的关键资本是文化资本，而且形式多样。其中，既有以内化状态为表现形式的资本，也有以客观化状态为表现形式的资本。前者是指评估专家所掌握的第三方评估专业技术、关于民主法治的理论储备以及作为学者的研究能力，这类资本比较抽象。后者是指第三方评估机构前期评估实践所积累的以评估报告等形式存留的实体文档，这类资本则是现实可见的。

（三）被评估单位

Z区法治第三方评估的主要指向是党政机关的法治绩效，被评估的单位即是肩负法治任务的区各委办局，包括党委、行政执法机关、公检法等司法机关。无论是被评估单位的自测自评，还是社会评价主体对被评估单位的评价，其评估内容都涉及被评估单位具体的法治行为与法治效果。被评估单位作为法治第三方评估场域的必要成员，其在第三方评估中所持有的资本主要是信息资本，即各部门所负法治建设之责的落实状况，包括依法执法、依法司法、依法行政过程中的具体行为,以及法治建设过程中的成效难点等政府信息。而这些信息是否公开以及如何公开,在目前的政府信息公开制度建设上尚未充分地制度化,主动权依旧掌握在政府系统。

(四)评价主体

Z区法治第三方评估强调社会评估,因此评价主体是公众,而且这个公众是个广泛的概念。最初的评估只选择部分人大代表和政协委员,随后日渐完善,邀请企业负责人等市场主体代表,社区居民和村民等普通民众。既包括人大代表、政协委员等权利代理者,也包括企业负责人等特定市场主体,还包括社区居民和村民等一般群众,这些主体类型也是在数次评估不断摸索中逐渐完善的。而公众参与第三方评估并在评估网络中占据核心位置,是实现其社会资本的政治参与功能的重要途径。社会资本的来源则是宪法及相关法律法规所赋予公民的权利,如监督权、表达权等,社会资本所激发的行动便是公众对地区法治建设、党政机关法治水平的评判以及部分维权行为等。

二、评估场域的关系结构与互动模式

至此,以倒逼为初始逻辑而型构的法治第三方评估场域业已基本形成。而且,随着法治第三方评估由准备阶段向执行阶段的推进,主体间的沟通互动逐渐增多,评估场域的关系结构与互动模式逐渐清晰。

(一)委托与被委托的关系结构与互动模式

Z区司法局(评估委托方)与第三方评估机构(评估受托方)之间为委托与被委托的关系,司法局提出评估的基本要求并提供评估所需的资金,第三方评估课题组依据合同要求提供评估技术并执行评估。而且,在众多主体间的互动中,第三方评估机构与司法局间的互动则是数量最多、时间最长的,贯穿于评估的前期准备、评估的实际执行以及最后的评估报告审核全过程,两者围绕专业技术、信息需求、评估结果等主题进行沟通协商,且司法局为第三方评估机构的顺利入场与评估执行提供了重要支持。其实质是评估委托方将部分权力资本授予评估受托方,而后者与之交换的是文化资本。而第三方评估机构在获得权力与资金支持的同时也承担了司法局的考核压力。

(二)邀请与被邀请的关系结构与互动形式

第三方评估机构与公众(评价主体)之间为邀请与被邀请的关系,第三方评估课题组以调查问卷和访谈提纲为媒介,邀请人大代表、政协委员、社区居民/村民等权利主体对区域法治状况予以评价,而后者则依据自己的信息与经验进行满意度评价或者事实陈述。而且第三方评估机构与评价主体之间的互动是第三方评估中最核心的互动,既有依附问卷而发生的间接互动,也有座谈会形式的面对面互动。社会大众在第三方平台发表看法的意愿和能力体现了公众参与社会治理、监督公权力的效果,是第三方评估的本质价值所在。其实质是第三方评估机构将抽象的文化资本具体化为各项调查工具,并以此为载体与拥有社会资本的评价主体进行信息交换,而这两类资本的交换是决定第三方法治评估成效的关键。

(三)评价与被评价的关系结构与互动形式

公众与区委办局(被评估单位)之间则为评价与被评价的关系,各委办局作为法治建设的主导部门依据《Z区依法治区十二五规划纲要》及相关政策文件进行地区法治建设,社会大众则站在受众的角度对地区法治建设的过程与结果予以评价。尽管被评估单位与评价主体在第三方评估过程中的直接互动比较少,但其在评估场域中的重要性却不可小觑,因为社会大众对地区法治建设状况予以评价的主要依据便是被评估单位的法治作为,是对其日常接触的二次反馈。其实质是政府与社会之间的资本交流,政府凭借其权力资本为社会公众提供服务,社会公众则依据其社会资本对政府进行监督,而第三方法治评估则是令这一交流形式公开化、实体化、系统化和例行化。

这种交流的充分性对第三方法治评估来说主要取决于政府与社会的法律意识,其实质是两者之间的相互尊重和相互信任①。

(四)评估与被评估的关系结构与互动形式

第三方评估机构与被评估单位之间为评估与被评估的关系。第三方评估机构出具的评估指标、采取的评估方式都是以被评估单位为指向的,不能脱离被评估单位的事实情况而天马行空。评估结果是第三方评估机构在整合评价主体的意见、被评估单位的自评自测、理论分析后形成的对被评估单位法治建设状况的总评。就Z区法治评估来看,第三方评估机构与被评估单位间的直接互动是最少的,主要通过司法局为中介进行间接互动。如各委办局的法治建设自评自测报告主要是通过司法局转交给第三方评估机构,供后者专业评估所用。如第三方评估机构所需的数据信息主要通过司法局向其他各委办局提取。面对被评估单位的消极作为或不作为,第三方评估机构往往只能被动接受。其实质是文化资本与权力资本围绕法治信息进行的交换,但资本交换的主动权并不在第三方评估机构手中,因为政府尤其是政治精英是信息的掌控者,是否传播、传播多少往往取决于其对信息公开的信心。

(五)考核与被考核的关系结构与互动形式

从"负责开展和指导协调全区依法治区工作;负责制定全区依法治区工作规划和年度计划;建立健全依法治区联席会议制度、考核评估体系等长效机制;对工作实施和目标任务完成情况组织检查、指导、督促"这一机构职能来看,Z区司法局与其他各委办局在第三方评估时呈现的是考核与被考核的关系。各委办局(包括司法局)每年都要向司法局依法治区办提交法治建设自评自测报告,反映其围绕依法治区规划所设定任务的完成情况。但由于司法局与其他委办局属同级关系,没有领导权,而且在权力资本中处于相对弱势一极,这

---

① 伊林.法律意识的实质[M].徐晓菁,译.清华大学出版社,2005:13.

导致司法局中主导法治建设考核任务时感受到了"小马大拉车"的吃力感。从某种程度上来说，司法局委托第三方评估机构进行评估，是转嫁或消解考核压力的一种方式，是希望通过文化资本的介入来弥补其权力资本的不足。

（六）评审与被评审的关系结构与互动形式

评审专家与第三方评估机构之间为评审与被评审的关系，前者从真实性、专业性、科学性、有效性等方面对后者提交的第三方评估报告进行审议，决定是否通过评审结题。可见，第三方评估机构与评审专家的互动相对较少，主要集中在评估后期，尤其是评估报告业已完成之后。且就目前的评估接纳情况来看，评审专家的意见只是起到一些修正性的作用，文化资本与文化资本之间的交换并未起到显见的作用，更未影响第三方评估进程。

以上关系与互动的解析说明场域成员间的互动模式已可辨识，这为从场域视角来考察第三方法治评估的微观运行过程奠定了基础。但是，架构基本稳定，实体运作却尚未成熟：一是Z区司法局在六年内更换了三家评估机构，第三方法治评估所采用的指标体系和评估方法依旧在摸索完善之中；二是按照科学的评估方法要求，每年具体参与调查的评价主体（样本）应当是随机抽取的，但是Z区社会公众（总体）对法治面相与第三方评估的了解程度参差不齐，因而难以保证样本的认知水平，这将最终影响评估结果的质量；三是场域成员间的关系主要以信息交换为主，资源流动和行政关联处于评估后台尚不突出，即关系疏远多于紧密，这也不利于第三方评估场域的成熟发展。这些问题说明，在第三方法治评估场域尚未出现一个稳定且强势的第三方评估逻辑主导者，而第三方评估机构虽然位居场域中心却仍旧需"依赖并回应多重、互不协调的主体"[①]。由此可见第三方法治场域的碎片化实质，而要认知这一实质的根源还需追溯至场

---

① 毛益民.制度逻辑冲突：场域约束与管理实践[J].广东社会科学，2014(6).

域主体的习性。

三、评估场域的基本特征

一般情况,新兴场域的制度逻辑冲突往往更为剧烈,且更为复杂,但也可以说,给行动者留下了更多制度创新的空间[①]。这一理论逻辑同样符合第三方法治评估这一新兴场域,第三方评估与传统的行政模式之间形成了制度逻辑冲突,造成了第三方评估的不稳定与模糊性,但除了负作用外,还有硬币的另一面,即创新与突破的契机。而第三方法治评估场域的制度逻辑冲突具体是如何演绎的、又该如何利用,则首先要从理解场域的特点入手。

(一)开放性

第三方法治评估突破了以往封闭式的内部考评模式,由第三方评估机构开展具体的评估工作,向社会主体进行开放,以吸纳社会意见改进本职工作为初衷,为第三方评估场域的开放性奠定了基调。依Z区第三方法治评估实践来看,司法局作为启动第三方评估的决策者,为形成开放式的第三方评估场域提供了政策支持,包括评估团队的选择、评估方案的确定、与评估团队签订合同、提供评估资金与评估协助等一系列具体动作。L校法律社会学研究中心作为第三方评估机构则通过评估技术和方法的开发、链接各方评估主体等方式搭建了一个开放的第三方评估场域平台。人大代表、政协委员、企业负责人、居民/村民等场域成员则在开放平台上通过参加座谈会、填答满意度问卷等方式提供外部信息,为评估专家进行法治建设状况的专业审视提供了基础。但是开放是一回事,取得的效果又是另外一回事。

(二)同构性

第三方法治评估场域通过开放的平台吸纳了多元主体并促成了

[①] Fligstein, Neil and Doug McAdam. A theory of fields[M]. Oxford University Press, 2012.

彼此的互动,但诸多互动并非全新的变革的,而是承袭了主体间传统的互动模式,即表现为布迪厄所阐述的"共同的等级模式与冲突模式从一个场域到另一个场域得到再生产"①的场域同构性。主体间的关系看似平等,实则力量差异显著,政府掌握资源占主导地位,社会大众虽是权利主体却依旧习惯被动参与。理应独立的第三方评估机构因缺乏信息优势而部分受制于被评估对象有意无意的抵制。第三方法治评估场域所呈现的阶层或地位差异并非该场域的新生物,而是长期以来的惯有模式,只是以不同的内容呈现了出来,其本质是一致的。

(三) 斗争性

历数各地对第三方评估的宣传似乎都是一派顺利情景,政府部门欣然打开大门迎接社会大众的社会监督和第三方评估机构的专业监督。但就Z区第三方法治评估的实际操作来说,看似平等的主体实则差距显著,彼此充满利益纠葛与实力较量,尤其是在处于评估一端的第三方(包括评估机构与评价主体),和处于被评估一端的行政机构之间。因为第三方怀抱挖掘法治建设深层次问题的责任和动机,这逐渐引发了被评估一方的不适感,致使后者因顾忌利益受损而采取低度配合甚至消极抵制的姿态。可见,评估的第三方与被评估方之间的斗争是该场域的基本特性之一,并主要体现在评价指标体系、评估方法等符号上,且此类斗争将一直持续到第三方评估拥有"制定场域合法定义的垄断权力"②时。

简言之,在评估准备阶段,第三方评估机构的自主性是最强的,不过这种优势也仅仅体现在文本上,所有的评估理念和行动规划则需要其余评估主体的配合方能落实,而从设计到落实则存在一个互动是否充分的鸿沟,而这取决于第三方评估的向心力能否有效凝聚。

---

① 朱国华.场域与实践:略论布迪厄的主要概念工具[J].东南大学学报(社会科学版),2004(1).
② 徐贲.布迪厄论知识场域和知识分子[J].二十一世纪,2002(2).

然而,在法治第三方评估的起步阶段,评估场域并不成熟,合作共识更多是一种想当然而非现实。因为以往,无论是实务界还是学术界着眼于法治第三方评估场域的开放性、民主性、公正性等积极面相,却忽略了其同构性及其背后潜藏的斗争性等负面特性。因而,显得评估委托方和评估受托方所怀抱的凝聚向心力、共同合作的评估初衷多少显得幼稚和欠考虑了。于是当各方正式投入评估工作时,才能真正体会"合作未满,斗争居上"的评估执行现实。而且,这不是头一年评估的特例,不是一家评估的个案,而是持续且普遍的,对现实的撕裂与疑惑的解答均有待追溯至对评估主体互动过程的实际情况的观察与反思。

第五章　法治第三方评估场域的行动逻辑与形式化

评估网络既已搭建好，法治第三方评估的外在形式已经完备并成为每年的例行工作，场域成员也已开始持续频繁地互动与沟通，由此切入观察评估的微观运行过程，可探析法治第三方评估场域的行动逻辑与形式化结果。但是，掀开形式化的繁荣外衣，不难发现该场域的运作逻辑在运作初期便呈现出与其理论预设相悖的形态。简单凝聚起来的向心力频遭异种利益的考验，共识未得、制约呈现、评估乏力，评估场域的倒逼逻辑日渐消解。具体来说是，在法治第三方评估初期阶段，倒逼带来的文化氛围是兴奋与压力并存，可惜并没有出现大的突破，反而是妥协规避成为常态应对策略，而由此带来的结果便是批判的低效与评估的流于形式。

第一节　兴奋与压力并存——倒逼思维下的气氛

L大学法学院法律社会学研究中心作为Z区法治第三方评估的受托方，起初是怀着抱负、充满期望地来积极投入评估工作，并以完成"发现问题"、推动地区民主法治建设为评估使命。但是，机制创新初期的兴奋感及其所激发的积极行动在评估场域并未维持太久，反之却是评估的倒逼特性越明显各方压力越大,而且不同主体的心理感受和实际行动均有巨大差异。

一、评估初期:兴奋感与积极行动

"兴奋"在心理学上的解释为机体代谢、功能从相对静止状态变为活动状态,或是从弱的活动状态转变为强的活动状态。对于Z区法治建设考核工作来说,法治第三方评估引导外部力量参与法治建设,引发了考评模式的革新,考评的强度随之由弱转强。而在法治第三方评估场域的诸多成员中,对机制创新冲击所带来的新鲜与兴奋等感受最早也是最强烈的当属评估委托方和第三方评估机构这两类主体。而这两类主体角色与职责虽有差异,但两者可归入法治第三方评估的主导者。在机制创新与运作之初的各种新鲜感激发着双方兴奋地积极投入,主要是委托方负责提供资源支持,第三方评估机构致力于发挥文化资本的生产力。

(一)评估理念和操作模式令人兴奋

对于评估委托方来说,当第三方评估由计划准备阶段正式转入具体实施阶段,意味着在传统的政府管理模式中正式嵌入全新的评估模式与专业的评估队伍,开始切身体悟并理解不同以往的评估理念和操作模式是令人兴奋的:第一,与以往传统考核模式所遵循的上级评下级、同级互评等内部测评理念不同,第三方评估强调"让社会主体发声"的理念,政府的业绩由政府所服务的公众来评说。因此,当法治第三方评估开始运作,向社会公众正式打开入场通道之时,社会公众有了对地区法治建设自由发表意见的公共空间。对这一点,委托方是认同并欣然接受的。

Z区司法局依法治区办工作人员J:

"你既然是法治城区建设,你这个法治建设肯定要考虑到老百姓或群众的法治建设的感受度的,就是你政府认为你自己哪个方面做得特别好,或者我认为我哪个方面还存在哪些不足。但是可能或者是对企业来说他办理一些行政审批,或者对老百姓来说我打官司难这些问题,所以外部的感受度还是很重要的。"

第二,与以往考核的封闭式操作不同,第三方评估是以开放为前提,不仅需要社会公众的积极进入,还需要政府部门的主动放权。因此,当第三方评估正式运作时,Z区各委办局既需要做好开放的心理准备,也需要有一定的行动表现,给予第三方评估机构以充分的自主性,反过来也是能够为司法局解压。

Z区司法局依法治区办工作人员J:

"其实依法治区办是设在司法局,但是司法局在法治建设过程中也有任务的,所以这个尽量能够把它(考评职责)脱开来。"

第三,与以往绩效考核普遍以质性考核方式为主不同,第三方评估拟采取定量和定性相结合的考评方法,强调通过问卷调查将感官感受数字化,结合访谈使得单一的数字更加丰满有说服力。因此,当第三方评估进入操作阶段,前期设计好的问卷等评估工具开始发放、访谈的组织开展,评估信息搜集之旅正式开启时,司法局是期待法治第三方评估能够突破单一内部考评的信息局限的。而且,除了满足实用性要求以外,还会有一些理论追求。

Z区司法局依法治区办工作人员J:

"一般来说作为我们内部考评内部来说的话,一个本来考评的量化的指标就很少,就是单靠各个部门写一个总结上来的话,很难反映出一些东西。他当然也会写一些今年工作中存在一些不足什么的,但是就是很多东西我们觉得单靠一个总结的话也很难发现一些东西。所以,我们一直想要这个问卷调查的。"

"我们也是希望通过专家院校这种方式,因为法治理论上,就是法治建设应该是什么样的,跟我们现实实际上很多东西能够结合起来。因为我们自己实务部门来考评实务部门,更多的是一些实际上的东西,就相当于我们年底的绩效考核一样,就是你任务完成没有,但是法治建设的话可能还有很多理论上的东西。"

可见,当第三方评估正式运作时,这些理念和方法都有别于传统考评模式,有助于给政府的传统管理模式增添新的活力,存在倒逼地区法治建设深化推进的希望和可能。当然,司法局在评估初期积极参与第三方评估机构对评估方案的讨论与设计后并没有"袖手旁观"第三方评估的实施操作,而是继续积极配合第三方评估机构行动,为其创设评估所需的条件与机会:

第一,及时拨付评估资金。第三方评估的操作需要大量的人力物力,比如打印复印问卷、支付评估人员的劳务津贴等,这些都需要资金的保障,这是一个很实际又很基础的问题。

第二,提供调研所需人员的联系方式。第三方评估需要社会公众的进入,相较于街角的大海捞针,通过居委/村委统一发放问卷,能大大节省评估所需时间、提升评估效率。

第三,调动并督促其他各委办局参与法治第三方评估。每年Z区各委办局都需要对自身的法治建设进行自评自测,其中既有统一的自测表格,也有自由撰写的年度总结报告。司法局负责统一收集这些内部考评的资料,并将其提交给第三方评估机构作为评估的参考资料。

(二)评估的诸多面相令人兴奋

对第三方评估机构来说,首次入场法治实践领域,直面党政机关,争取社会主体,无论是评估内容,还是互动主体,都不同于学术研究以及以往单项型的评估实践,因此评估的诸多面相均是新鲜而令

人兴奋的:

第一,评估工作的系统性。不同于第三方评估机构以往承接的立法后评估和依法行政评估等单项评估课题,Z区的依法治区评估包括执政、行政、司法、基层民主、法制宣传、法律服务等方方面面,评估内容是系统且庞杂的,需要如此系统地去把握地区法治状况既是挑战更令人兴奋。

第二,政社合体。不同于以往评估实践仅单一面向社会大众获取评估信息,在法治第三方评估的初期阶段,是内部考核与社会评价相结合的评估理念,第三方评估机构对两项评估工作都需负责,因此第三方评估机构也直接或间接地与地方政府各部门接触。因而政府部门作为被评估单位成为法治第三方评估场域不可或缺的一类主体,其对法治第三方评估的参与与配合具有应然性。

第三,权力的授予。Z区司法局将评估职责委托给第三方评估机构,其实是将部分考评权力转交给了第三方评估机构。但是这种权力并非强制性的力量,更不是专断与压迫。委托方的授权更多的是对第三方评估机构入场的"同意",使得第三方评估机构取得了面对委办局等被评估单位时"占据获利优势的协商能力"[①]。同时,第三方评估机构则是充分利用这一入场机会,运用专业的评估方法和法学理论等知识技能来耦合第三方评估与法治建设的关系,以打破信息壁垒,实现评估目的。而且所有的兴奋感背后还有知识分子的政治参与期待和责任感在支持,正如Y教授所说:

> "最初接洽这样的一个项目的时候,作为一位学者是带了一份就是说一种期待。这实际上是中国法治建设中的一个非常重要的环节,对哇。过去的话呢,政府对整个社会是封闭的。过去

---

① (法)费埃德伯格.权力与规则:组织行动的动力[M].张月,译.上海人民出版社,2008:9.

政府做得好或者不好,老百姓自有评说。那么怎么通过法治的建设来促进政府部门的工作改善,实现国务院依法行政的工作目标,也就是建设社会主义法治国家,对哇。所以呢这样一份工作最初接洽的时候是带了一种期待的。"

简言之,带着强烈的兴奋感,第三方评估机构在授权的前提下发挥专业优势对地区法治进行评估,为收集评估信息而积极行动:

第一,根据 Z 区法治建设的基本政策与活动方式,围绕依法执政、依法行政、公正司法、基层民主、法律服务与法律服务等内容构建系统的评估指标体系。起初这个指标体系主要以 Z 区法治建设考评标准为参照进行简化优化,后来为了更加突出法治第三方评估的科学性,第三方评估课题组也曾对指标体系进行全新的社会学式的理论化构建。

第二,以评估指标体系为参考基础设计调查问卷和访谈提纲。而且值得说明的是,随着评估主体类型的丰富,问卷也划分为"人大代表政协委员版""公众版""企业版"等不同类型。而针对人大代表、政协委员的访谈和针对社区居民/村民的访谈,其访谈内容和重点也是有差异的。

第三,通过司法局及其他渠道获得调研对象的联络信息,包括人大代表、政协委员的名单及其联系方式,用于发放人大政协版调查问卷;居委/村委干部的联系方式,用于联系发放居民/村民版调查问卷;工商部门工作人员的联系方式,用于联系发放企业版调查问卷。

第四,发放回收问卷。在获得调查对象联系方式之后,正式开始问卷调查,包括打印复印问卷、分装并邮寄问卷、问卷回收后检查问卷填答质量、剔除废卷等。

第五,召开座谈会,包括人大代表、政协委员、企业负责人的座谈会,居民/村民座谈会。具体来说,涉及与会人员的邀请、座谈会时间和场地的选择、座谈会的正式开展等诸事项。

二、评估中期：日渐攀升的集体式压力感

法治第三方评估机制创新所带来的新鲜感和兴奋感并没有持续很久，因兴奋而起的积极行动也没有真正撬动场域其他主体的传统惯习。正如前文所说，第三方评估机构的权力不具有强制性，在与其他主体的互动过程中并非未真正把握主动权、占据绝对有利的地位，反而在实践中是被动居多。因此，纵然评估委托方借助文化资本/专家权威的嵌入来增强自身考评主体的权威在理论上具有可行性，在实践中却出现了意料之外的阻碍。于是，现实状况便是，随着评估进入执行操作阶段，兴奋感渐渐退去，评估场域的压力感反而越来越强。种种压力散布在评估场域的各个角落，而且有强弱序列，造成了集体式的压力氛围。

（一）第三方评估机构的压力

法治评估是近年来新兴的第三方评估领域，尽管从理论设想上，第三方评估机构可以进行充分的理论准备与技术规划，但是评估压力还是接踵而来。而这些压力既有来自评估工作本身的，也有来自评估环境的，而且两者往往交互影响。

第一，评估难度的压力，即如何令理论与专业技术有效契合地区法治实践的基本规律的压力。对地区法治状况进行系统评估，是一项极具地方特色的系统工程，国内外并没有可以直接借鉴的经验。在参考世界银行的法治指数、余杭法治指数、全国法治城区创建考评标准等文本材料后，Z区依法治区第三方评估课题组拟定出了一份详细的评估指标体系，但其完整性、适用性并不完美。一是因为评估时间有限，即使作为一项科学议题进行研究，法治评估指标体系的出台都需要一至两年甚至更长时间，更何况是评估课题组需要平衡分配指标设计、评估执行、评估报告撰写等时间的情况下，难免显得有心无力。这意味着为了按时完成评估任务，第三方评估机构很难有充分的时间去打磨其所构建和设计的评估指标体系。二是因为要保

证所参考所移植的理论、指数与技术能够适恰 Z 区法治实践的基本情况需要理论与实践的相互配合。仅靠第三方评估课题组从理论的视角去完成评估所需的技术性突破是很具有挑战性，实际上也是不可能的。指标体系要能真实反映地区法治状况，其设计需要建立在对地方政府法治运作的基本规律上，然而仅有的地区法治信息只是展现地区法治状况的冰山一角，政府信息的有限开放、政府运作的有限透明，意味着评估课题组很难深入把握法治政府的内部逻辑。

H 市行政法制研究所研究员 T：

"我本身是研究行政法，在研究所里常年关注依法行政，对 H 市的行政系统和它的运作规律比较了解，所以依法行政这一部分的评估我比较容易把握。可是依法执政和基层民主这两块，我写起来也很吃力。没有资料，不了解内部情况，很不好写。"

第二，评估环境的压力。法治第三方评估要实现其独立性、客观性，仅依赖第三方评估机构的专业知识是不够的，还需要成熟的环境或外部条件作支撑。但是，随着评估工作的推进，评估场域其他成员对第三方评估既缺乏足够的了解与信任，也缺乏充分的配合等问题逐渐显露出来，对第三方评估课题组造成了大量的压力。一是第三方评估课题组成员无论是通过问卷与评价主体进行间接沟通，还是以座谈会的形式与评价主体面对面进行直接沟通，都能感受到他们对第三方评估意义与具体问题的不理解，而有限的配合度对实现第三方评估预定目标是一大障碍。二是为了凸显第三方评估的量化特点，第三方评估课题组在评估指标体系中设置了一部分以具体数据衡量的指标，但现实状况却是政府部门对此类数据根本没有量化的统计，而在短期内统计出来也是不现实的，这便是实现法治评估的指数化、标准化的又一大障碍。作为法治第三方评估的第一责任人，第三方评估机构自然而然地要承受以上所有压力,而且评估课题组负责人对此及其存在的问题也是有着清醒的认知的,不过依旧是无力根治。

L大学法律社会学研究中心主任Y教授:

"从学者来讲呢,他(司法局)介入以后,由于他们推动工作的这样一种难度,同样也影响到我们的法治评估,为什么呢?我们法治评估就会由于他们工作推动的难度的影响的一些制约,比如说能不能放手让第三方评估,这样他们就会有无奈。如果他们一旦放手的话,其他单位可能评估得不好他们就会找司法局,那么司法局就有压力了,他就不敢放开。他马上就会涉及一个问题,这个指标怎么出来,他不敢放开这个指标就肯定是要行政系统自己设计出来,这个设计出来肯定要得到其他行政部门的认可,大家统一接受这样的口径。那这样这个指标设计里边有多少是法治的要素,这就有问题了,对不对,这个实际上是和原来的期待之间就形成矛盾了。"

(二)评估委托方的压力

Z区司法局作为与其他各委办局平级的政府机关,却承担着考核其他部门工作任务的职责。如何深化考核、如何令考评结果起到推动地区法治建设的作用,一直是Z区司法局着力思考并实践的一件事。而第三方评估的方式在某种程度上也是其转嫁压力的一种现实选择,希望借助文化资本的力量来提升其考核主体的权威性与强制力。但在委托方看来,第三方评估机构的入场并不代表其可完全退场,反之Z区司法局依旧占据整个法治第三方评估场域中不可或缺的位置,其职责并未消解,不仅需要继续协调必要的评估工作,还需要继续参与乃至掌握第三方评估指标体系的构建。

Z区司法局依法治区办工作人员J：

"我感觉这种想法（第三方评估机构独立出具评估指标体系）还比较理想化，因为像专家院校第三方的话对各个委办局的职能也不是特别了解，还是要结合起来。所以我们现在也是相互合作，但是肯定也不会完全交给第三方评估。"

此外，机制的创新却未必能够带来实力的增强，第三方评估机构尽管具有专业权威，可以创新评估方法，却没有能够从根本上改变被评估单位低度配合的事实。司法局为了能够获得各方对第三方评估的支持，依旧需要奋力斡旋。所以，"小马拉大车"的职责压力依旧是存在的。

Z区司法局依法治区办工作人员J：

"你把一个综合型，这么大的一个工作交给一个专门的职能部门在体制上也不是很顺，有小马拉大车的感觉。一般司法局只要把法治城区的法制宣传做好，渗入到每一个村居委、渗入到企业就好了，没有做得这么全面的，做得全面的话从职能上来说确实是比较累的我感觉。"

此外还有一项关键压力是如何坦然面对并公开法治政府建设状况的问题。没有各部门对民主法治相关问题的诚恳面对，就难有"发现问题"一说，或者即使有所发现也将大打折扣。由于司法局本身也在接受考评之列，所以它在尝试突破禁锢，接受民众对其合法性和权威的监督过程中，加诸自身以压力感也是必然的。但是，他们对直面问题仍有所顾忌，所以，其提供给第三方评估机构的联络名单是经过挑选的，即选定走访调研的居委和村委，都是各方面做得比较出色的。

（三）被评估单位和社会评价主体的压力

之所以将这两者的压力放在一起描述，是因为两者在法治第三方评估之初都是应邀被动参与的，角色有相似性，压力强度也是在所有场域成员中相对较弱的,只是弱的原因有所不同。其中,被评估单位的压力主要在于如何把握信息公开的度,既不至于有损自己部门的利益,又能够形式地配合第三方评估工作所需。

> H市行政法制研究所研究员T:"就是政府的很多数据他不乐意提供,他有一个,现在都需要政绩,有些数据他提供出来不是很好看,所以他就不乐意提供。比如维稳事件他就不乐意提供,那么你社会稳定这一块就不好做。这就是一个,还有就是指标是挺难搜集的,就是政府一方面不太情愿,政府透明度这方面还有待提高。他乐意公开的就是规范性文件啦,他们做的一些成绩啦,然后现在本身很多那个操作过程中很多数据也没有,他们这个前期的积累不够。"

而社会评价主体的压力主要来自第三方评估对其评价能力的要求。尤其是那些政治参与意识较为薄弱的主体,如何理解专业术语,如何理解官方话语,如何保证大众话语表达的有针对性,这些都是其需要克服的评估难点。可见,被评估单位和评价主体两者的压力内容完全不同,但共性在于压力感都比较弱,因为第三方评估在当前阶段并没有对被评估单位和社会评价主体形成足够的强制性,他们如何配合、配合到什么程度,主动权依旧掌握在他们手中,两者都可以通过规避的方式来消解这些压力,比如不公开、不予评价等。但是,这些消极作为是不利于第三方评估功能的发挥的,这在后面将继续予以剖析。

第二节 保守、被动与妥协——压力之下的策略选择

虽然第三方评估机构带着推动中国法治建设的使命感执行法治评估,评估委托方出于"发现问题"的立场去期待法治第三方评估的

成效。但是,初期的兴奋感并没有维持太久,当一系列评估举措开始执行时,非但没有形成持续的评估向心力,反而在评估场域内逐渐形成了一种低气压的文化氛围。而在后续的评估互动中,场域各成员间逐渐开始考虑自身利益,并据此选择应对策略。由此进行深入细微观察不难发现,法治第三方评估场域的真实逻辑并非合作共识,而是相互制约。具体分析如下:

一、被评估单位的保守

据笔者对Z区依法治区评估工作(2011—2013)的参与观察,在整个评估场域中,被评估单位是所有场域成员中参与感最弱的一方,但是他们却是最占据主动权的一方,这完全符合当下社会发育不完全、行政系统仍处于强势地位的现实情况。因而,被评估单位是评估场域所有成员限制法治第三方评估深度拓展最强的一方,而这种限制充分表现为被评估单位在策略选择上的保守性。

在Z区的法治第三方评估过程中,各委办局应当是Z区法治建设信息的重要供给方,他们把握着地区法治建设的第一手信息,但实际的信息公开效果并不理想,历年的自评自测报告的仪式感强过其实质意义。尽管第三方评估机构可以发挥评估的专业性,利用专业技术拓宽信息获取渠道,但仍受被评估单位的制约,后者对信息具有绝对的垄断权。

> H市行政法制研究所研究员T:
> "政府的思路没有转变,他觉得提供出来可能对他有不利的影响。有些数据,你是第三方评估想对他们有一个客观的评估,但是他们觉得你是对他们进行考核,所以他愿意把做得好的成绩的方面反映给你,对他们有影响的就不太乐意提供。"

对此,也有学者指出第三方法治评估的关键困境是信息不对称,从而寄希望于政府信息公开制度的改革[1]。但是,制度的配套和改革只是为提升信息公开质量提供了外在保障,更为重要的是在实践中突破与法治精神不符的传统行政习惯。就 Z 区法治建设来看,大部分政府部门从观念到行为都倾向于保守,行政官员在日常工作中往往秉持"宁可不做,也不做错"的原则,只在《Z 区依法治区十二五规划》框架下有限行动,鲜有创新,也缺乏持续性。这点从委办局历年提交的年度总结报告可得印证,内容重复性强且无特色项目。

再深入分析其具体内容则可发现行政主体"报喜不报忧"的典型逻辑,即被评估单位倾向于提供正向信息,回避负面信息,提供表面信息,隐匿深层次信息。纵然是推动评估模式创新的司法局,最后对第三方评估报告还是表达了"我们做的很多工作都没有反映进去"的不满,依旧没有摆脱传统政绩观的束缚。说明目前政府部门仍旧以传统行政惯习来应付第三方评估,尚未在评估场域革新出有突破性的习性,因为也许只有习性遭遇到完全不同的、自身难以应付的新情况时,习性才会面临重大变革的机会和可能[2]。此外,Z 区的第三方法治评估还暴露了其传统行政惯习的随意性,比如区委书记和司法局领导的更替与偏好变化均会对第三方评估产生影响,重视度高则各委办局的配合度将有所提升,评估结果也能得到实际运用,反之则相反,对第三方评估的支持与评估结果的接纳上均存在不稳定性。究其根源是法治建设缺乏对正当程序的遵守,很多程序性的步骤往往都是走形式,而实际情况依旧是领导拍板。前期程序的形式化导致后期结果的空洞,也就不难理解缺乏数据积累的现实,以及由此所导致的理论上或政策上应有的结果性指标的流产。

而行政主体之所以在第三方评估创新机制中仍旧表现出一贯的保守性与随意性,其中既有认知等主观因素,也有体制等客观因素。

---

[1] 林鸿潮. 第三方评估政府法治绩效的优势、难点与实现途径:以对社会矛盾化解和行政纠纷解决的评估为例[J]. 中国政法大学学报,2014(4).

[2] 刘森林. 实践的逻辑[M]. 社会科学文献出版社,2009:168—170.

从主观上来说，行政主体受"政府—民众"的单向思维模式限制，尚未摆脱传统政社关系观念的束缚，强调以行政或国家为中心，对是否应当以及如何接纳公众意见、如何构建政府与民众的良性互动等缺乏科学系统的认知与实践经验。从客观上来说，对行政主体接纳并参与第三方评估缺乏相应的行为规范要求，而法律的无强制性则为行政主体选择消极作为乃至不作为提供了制度空间。而这些主客观因素的根源则是行政主体法律意识的不足，并在与其他主体互动时充分暴露了出来。究其本质则是政权对公民的不信任，对公民权利的不尊重，而其背后是权力资本强势性的支撑。而第三方评估机构和社会评价主体在与行政强权主体进行互动时所面临的被动与受压制感，也的确说明了在第三法治评估的现有发展阶段下，权力资本与文化资本和社会资本的实质"交换率"（或者"转换率"）并不高，这也就决定了行政主体的行动策略依旧是维护而非改变、是保守而非破坏①。而这种保守困境的突破并非第三方评估这一外部机制创新可以做到的，更需要政体自身的思想重塑与体制改革。

二、社会评价主体的被动

由第三方来进行法治建设评估相较于往期的内部评估，其最大的价值在于借助第三方平台形成全社会监督法治建设的公共舆论环境，这一环境也反身决定评估效能。但是，就社会大众在Z区第三方法治评估中的表现来看，公众参与法治评估的积极性与能力均不理想，舆论环境尚未成熟。在诸评价主体中，人大代表和政协委员应当是政治效能感较高的一类，因此在各类版本的问卷调查中，人大政协版的问卷回收率是最高的，接受第三方评估机构的邀请出席座谈会的积极性也最高。然而问卷结果却显示，其倾向给予较高的满意度评价，对问卷最后抛出的"您对Z区法治建设有何建议？"等开放式问

---

① 布迪厄.国家精英：名牌大学与群体精神[M].杨亚平,译.商务印书馆,2004：457.

第五章 法治第三方评估场域的行动逻辑与形式化

题却极少有人能够深入思考并认真填写。由第三方评估机构主持的半结构式访谈的状况也一样，与会人员对"您认为Z区法治建设中有什么不足？"等问题要么避重就轻，要么避而不谈，本以问题探讨为旨向的座谈会最后呈现的却是一幅人人唱赞歌说好话的场景。政治效能感相对较低的社区群众与企业负责人在问卷调查和座谈会上的表现更是差强人意，问卷回收率本就极低，而问卷填答中存在大量选择"不清楚"，连着数份问卷的填答一模一样，随意填答等问题更是大大挫伤了问卷的有效回收率。在评估课题组深入社区开展座谈会时，与会人员也只就其熟悉的内容作积极评价，还有部分被访者认为"即使说了也解决不了"，抱着如此心态消极对待第三方评估。以上种种，令课题组难有"意外发现"，评估拟收集的素材大大落空。这一问题贯穿于理念评估工作，也不仅是一家第三方评估机构的感觉，参与法治第三方评估的H市行政法制研究所研究员T有着同样的认知：

> "公众的民主参与是不理想的，民主参与意识还是比较弱的。我觉得老百姓是跟我利益相关的，你侵害到我的利益，我会去参与，但是如果这个利益不是我眼前能看到的，跟我稍微有点远，我就不太会去关心，中国老百姓就是在我受到伤害或可能受到危害的时候我怎么去维权，但是他会放弃决策权。所以我向J那儿去研究的就是业委会的问题，业委会的业主他也是，我这个房屋它漏水了我马上找物业了，我的权益受到侵害了，然后我这前面绿地少了，我去找（物业）。但是你在整个业主去自治嘛，你是业主你有自治权的，哪些问题应该怎么做，但是他们不参与决策的，但是出了事以后他就觉得你侵害到我的权益了。我觉得这个就是老百姓的觉悟没到。"

可见，在法治建设场域无论是人大代表、政协委员，还是社区群众都未形成主动监督的习惯,在第三方评估时处处展现出被动性与消极性。在与政府的日常互动中,社会主体更关注与其切身利益相关的事项,而对更高层次的政治参与却缺乏权利意识与行动力,在第三方评估中的实践表现可总结为"政治效能感不高,倾向于对自己的意见引而不发"①。比如调查对象填答问卷的态度不认真、不严肃,又比如调查对象或访谈对象对法治问题缺乏把握。但是,我们必须意识到问卷的填答质量不仅取决于公众的参与度和知识水平,更取决于其获取信息的渠道和范畴。公众只是政府信息的二手消费者,在获取信息时具有不全面、不准确、不及时等问题,尤其是对近期法治改革的相关信息更是如此。这说明,社会资本相较权力资本弱势的现实尚未因第三方平台的搭建而有明显改观。

三、第三方评估机构的妥协

专业性乃是高校科研机构从事第三方评估的最大优势,但是要令专业优势得到最大限度发挥,并完美契合实践逻辑却并非易事。以Z区第三方法治评估实践来看,高校科研机构凭借其专业优势或文化资本拿到评估课题,并以学术场域内经过长期磨炼得以形成的习惯或惯例来操作法治评估。比如,实证研究所强调的先设立理论假设,并进行概念操作化(细化为若干指标),进而通过以问卷调查、深入访谈、参与观察等方式搜集材料,最后对实证素材进行总结、提炼、分析。这是学术场域的典型研究逻辑之一,通常情况下只要逻辑清晰、论证合理,研究者便可依据反馈信息或证实或证伪某前提假设,成一家之言,因为在知识场域内知识分子"掌握了自设标准和合法性的能力"②。但是,第三方评估机构的专业性并未在评估实践中发挥有力优势,反而受到了诸多外部条件的限制。比如第三方评估

---

① 唐.中国民意与公民社会[M].胡赣栋,张东锋,译.中山大学出版社,2008:111.
② 徐贲.布迪厄论知识场域和知识分子[J].二十一世纪,2002(2).

机构设定的大部分结果性指标因缺乏相应的数据积累而被弃用。又比如第三方评估机构期待获得被评估单位在法治建设方面的完整信息而不仅仅是成绩,但是对方所提交的年度总结报告往往以宣扬政绩为主,问题则一笔带过,有的甚至对实践问题毫无表述。再比如第三方评估机构希望通过问卷调查、座谈会等方式发现法治建设中的短板,但却存在调查对象习惯选择说好话,或调查对象因对法治信息缺乏了解而无力评判等现实掣肘。

而面对被评估单位的保守、社会评价主体的被动,第三方评估机构没有强制力而只能选择如下迂回妥协的行动策略:

一是以保证第三方评估的可行性为第一要务,放弃部分无现实支撑的数据指标,转而选择现有绩效考核体系中的指标。

Z区司法局依法治区办工作人员J科长:

"现在市局推出的指标还是比较好的,比较客观的。因为这个指标也不是哪家部门想出来以后硬加上去的,包括后来李老师也动了很多脑筋,他说我们评估里面再设一些指标什么的。但是后来我们商量下来,因为有一些指标,像你们在做理论分析的时候想要这些指标,但是这些指标在本来开展的工作中是没有这块指标,或者说是没办法统计到这块指标的,所以有时候理论上想到的一些东西和实践中的还是不一样的。所以我们拍脑袋的话也很难,就是让我们市里面既然有这个现成的指标,那么我们问下面就是各个委办局要起来就比较简单,因为他们本来就有的嘛。"

二是减少被评估单位的自评自测报告结果的采纳,丰富社会评价主体的类型,扩大第三方评估的民主参与范畴。比如2011年的第三方评估是内部自评与人大代表和政协委员的社会评价对半分,2012—2013年则将村民/居民等普通群众以及企业负责人等纳入问卷调查对象,并设计了相应的问卷,而问卷发放的数量也是逐年递增的。三是为了提高社会主体参与评价的积极性,着力改进问卷的简洁性,并在问卷填答回复的便利性上下足了功夫。比如简化问题难度,尽量用社会主体可接受的予以表达。比如邮寄问卷的信封中装入一定面额的优惠券,以示对调查参与者的感谢;比如备好寄回问卷所需的信封、邮票乃至在信封上提前贴好双面胶。四是为了克服问卷调查数据平面化的缺陷,增加座谈会的次数,以大量的质性资料实现评估的立体化效果,同时实现量化数据与质性资料的相互映照,以增强第三方评估的说服力。无疑这些技术性的改进为法治第三方评估的顺利执行带来了诸多好处,但现实结果依旧是未令第三方评估效果实现质的提升。

无论是评价主体类型的扩展,还是调查方法的调整,尽管论证着第三方评估的进一步理性化,但是这些完善实则说明第三方评估机构"沉迷于手段和方法上"[1],整个评估理念被工具理性占主导,并没有真正关心目标问题。评估过程是一个多主体交流互动的过程,倒逼目标的实现需要主体间的充分配合。但是,对评估主体间交往理性的缺乏这一问题,第三方评估机构并未真正意识到其严重性。该问题的存在不是简单的技术性改善就可以消除的,而是需要建立在基于第三方评估机构与其他主体间的真诚、正确、真实、平等的沟通基础上。可见,第三方评估机构面临的诸多困境固然有外部原因,但也有对问题缺乏预设,与各委办局、各类评价主体缺乏充分有效的沟通等内在原因。归根到底就是布迪厄所说的知识分子自反性(self-reflexivity)[2]的缺乏:知识分子误以为自己是超脱于场外的局外人,而忽略了自己也受制于场内的种种力量以及自己习性的制约,从而难以抵达问题之核心。由于跟实践的脱离,学术体例所构成的符号系统掩盖了现实。符号本身是要指涉意义的,然而在此处,符号完成了对于意义的僭越。可

---

[1] 郭馨天.自主性的降低:吉登斯和鲍曼对现代性的微观分析[J].社会,2004(4).
[2] 彭友钧.皮埃尔·布迪厄:《科学的科学及其自反性》[J].中国学术,2004(1).

见,在介入政治、经济、社会等法治评估所触及的场域时,第三方评估机构要能够制定出令其他主体完全遵守的规则,还需在实践中打磨自身,突破学术的思维定式,加强理论与实践的互动。

第三节　评估日渐形式化——弱批判后的显然结果

经以上文化逻辑分析可见,评估委托方、第三方评估机构、被评估单位、评价主体等尚未形成真正意义上的评估共同体,彼此的利益诉求仍旧是功利性的,比如知识分子是在追求大家对专业权威的认可,各委办局则难逃部门绩效、领导人升迁等利益羁绊,公众则更关注自身的实质利益能否得到保障。行为表现即是评估委托方与第三方评估机构向评估环境压力妥协,被评估单位和评价主体则在低压力下选择规避,看似处于被动地位,其实掌握主动权。也即是说无论是第三方评估机构,还是Z区司法局,都没有成为法治第三方评估场域中强有力的组织者与执行者,面对被评估单位的保守、社会评价主体的被动,第三方评估机构更多的是调整计划以符合实际情况,处处妥协规则。因此,法治第三方评估场域的真实逻辑并非是合作共识,而是保守牵制,并呈现出一种低度突破的弱批判结果。评估日渐形式化便是法治第三方评估逐渐偏离民主参与倒逼法治建设的原初理想逻辑的外显,具体来说表现为以下三个方面。

一、评估面相浮于表面

观察各地区的法治评估不难发现,都是"大而全"的评估,也就是说法治评估是一项包罗法治万象的系统工程,在评估的深度与广度之间,法治第三方评估实践明显地选择了后者,Z区亦是如此。为了全面反映地区法治建设的状况,Z区的依法治区评估涉及了依法执政、依法行政、公正司法、基层民主、法制宣传与法律服务等方方面面。如此一来,评估几乎牵涉了包括党委、人民政府、公检法司等部门在内的所有政府职能部门。"大而全"的法治第三方评估实践虽然很有震慑力,但看似面面俱到的表象下是"蜻蜓点水"。看似人人皆在考评之列,但又无法将责任落实到具体部门。比如围绕"坚持依法执政"这一评估面相,课题组设置了"坚持民主程序决策""没有发生过违规选拔干部的情形""特定的规范性文件及时向社会公布""领导班子主要成员没有发生过违规违纪事件"等具体指标,然而将这些指标转化为调查问卷由社会主体进行评价时,且不论有关这些问题的信息评价者能否掌握,即使掌握了地区存在如此的情况并在问卷中作出了满意度回应,也无法确知具体是哪个部门的问题、该由哪位负责人对此负责等。如此一来,法治第三方评估的倒逼属性和倒逼能力都是比较弱的。相反,市级层面的内部考评的倒逼能力反而通过竞争机制得到了实现。

H 市依法治市办科长 B 科长:

"我们所有的考评结果都会反馈给各区党委办公室,那么区委书记就会看,唉,这个今年怎么评分低了,怎么比 Y 区低了,要注意改善。那么,下面的人就会重点做工作,然后,第二年得分就高了。"

与以往所担忧的评估将因套用西方标准来评测本土法治状况而缺乏客观性和可操作性相反,第三方评估机构在评估 Z 区法治状况时无奈地做出了务实性的选择,即主要是从法治城区创建考核标准这一政策性文件规定中抽取评估指标。由此,评估指标无论其结构看似多么完善、其内容看似多么完整,都只是政策制定逻辑的缩写而已。由此,从评估指标体系的构建开始便落入了绩效考核的窠臼,而令整个法治评估与政府绩效评估混沌难分。但从理论上讲,政府绩效考核的出发点与法治第三方评估的出发点并不相同,前者主要是从提升管理效率的角度来看,对一定时间限度内任务完成进度和完成质量进行考察;后者则是民主政治的需要和体现,是保障公民权利、规范公权力的一种途径。如果仅仅遵循绩效考核的逻辑来评估的话，所构建的评估指标体系便难以深度关切法治的理想属性及其所需的民主土壤。而法治评估与政府绩效评估间概念不清、边界模糊等理论难题，更是促成了第三方评估机构在法治评估与政府绩效评估间摇摆后无奈地滑向后者，至多是对绩效考核的简化而无深化。而以效率为标准的考核逻辑，更注重法治的投入产出比，在同样的精力条件下，势必会影响第三方评估对政府法治行为的规范性和约束性考察。尤其当上级规划逻辑与基层操作逻辑不一致，即我们平常观测到的"上有政策、下有对策"时，很容易使得所要评估的内容落空或使得评估草草了事。因此政府法治行为的深层次运作逻辑和真实状况难以揭示。

  虽然第三方评估机构也曾着力构建一份兼具理论与实践特性的独立于政府绩效考核标准的指标体系，但由于缺乏对政府系统运行规律和特征的了解、缺乏评估委托方和被评价单位的接纳决心，其所出具的独立的评估指标体系被以"操作上存在难度"为由作废了。而评估指标体系的"先天不足"既已存在，便是再完善的评估工具、再娴熟的评估方法都无法弥补。纵然第三方评估机构在实践中可以丰富评价主体类型、增加评价主体数量，但由于评价者依托的评价体系是事先给定的，这便部分乃至全部限定了他们表达意见的范围和深度。因此，简单的评估方法技术的改进无法从根本上改变评估实践的深度难以实现的困境。于是，面对如此庞大的系统工程，现有的评估无论是评估指标的数据采集，还是问卷调查或座谈会的结果，都鲜少触及政府运作体制的深处，最终所呈现的也仅是浮于皮毛的问题，评估深度明显不足。

二、描述轻且反思不足

  由于评估指标过于依赖政策性指标，导致评估数据以及质性材料主要集中在反映基本面的情况，而数据资料则进一步局限了专业分析的深度。通读历年评估报告不难发现，对地区法治建设状况的评价大多是在简单描述，其基本逻辑便是统计满意度—概括政绩—

罗列不足—政策建议,总体来说描述性色彩浓郁的报告。当然,做得好的经验值得总结发扬,以便节约地区创新的成本。但是,对于目前的法治状况来说,法治水平并不高,困难问题随处可见,要保障法治更上一个台阶还需克服的阻碍因素有很多,而这些是简单描述揭露不了的。尽管描述也是必不可少的,但要透过现象看本质需要搭建反思环节,但反观历年评估报告所得结论却是反思性特点不足。以2011年Z区法治满意度调查报告和评估总报告为例分析如下:

2011年,Z区法治第三方评估将"坚持依法执政""建设法治政府""维护司法公正""拓展法律服务""深化法制宣传""加强社会创新管理"以及"加强法治监督"七个法治面相简化成了"依法执政""依法行政""司法公正""法律服务和社会管理建设"以及"法治监督"五个一级评估指标,并向人大代表、政协委员发放了220份问卷,回收有效问卷162份,经数据统计后撰写成满意度报告。在满意度报告中,课题组逐一分析了调查对象对五个方面每个问题的满意度评价,亦对问题作了简要总结并阐述了可能的原因(具体见表5.1)。满意度评价报告尽管充分尊重了评价对象的主观评价,并将其奉为"客观结果",然而却难免给人一种问题简单罗列、简单归因之感,让人读起来不由得感叹其"只见皮毛不见血肉",有时甚至是问题与归因混乱表述。

表5.1 《2011年Z区法治评估满意度报告》中总结的问题与原因

评估面相	主要问题	可能原因
依法执政	党委和政府依法支持和保障人大、政协工作情况得到的肯定最多,推进基层民主建设情况得到的肯定最少	(1)调查对象是人大代表和政协委员,所以他们能直接地感受党委和政府对人大和政协工作的支持; (2)党委和政府在推进基层民主建设,如公推直选、基层党务和政务公开等方面工作面比较宽,涉及的内容相对较多,因此在有些方面还稍有不足

续 表

评估面相	主要问题	可能原因
依法行政	满意度都没有达到25%	(1) 调查对象对其也就有比较高的要求； (2) 政府关于管理权限和工作流程构建等方面的信息公开和宣传等均存在不足之处
司法公正	有一份问卷对法院审判实现公平和正义情况表达了强烈的不满	无
法律服务和社会管理建设	社会纠纷调处、社会矛盾化解情况的满意度最低	社会处于转型期，社会矛盾和社会纠纷对相应的处理机制提出了新的、更高的要求
法治监督	调查对象对社会舆论监督落实情况有所保留	(1) 社会舆论监督没有得到有效的落实； (2) 社会舆论监督已经落实了，但没有及时公开与沟通，所以不为外界所知

而这一问题在评估总报告中亦没有很好地解决。2011年的评估总报告分析了依法执政、依法行政、司法公正、法律服务、法制宣传、社会建设、法治监督七个方面的问题，而这些问题的确是根据问卷调查、座谈会、委办局的自评报告凝练所得，如表5.2所示，是评价主体的话语的真实传达。但是，从表5.2我们也可以看出存在的问题与建议之间存在不平衡，针对司法公正、法律服务与法制宣传三方面的问题并无回应，而部分回应问题的建议其问题解决的针对性和操作性也不是很强，更多是呼吁式的，只是指出了改进的大方向。在某种程度上，问题便是建议本身，评估的专业性和理论性在问题剖析上的呈现不明显，导致评估建议直接落地的期望也成为虚妄。而导致问题与对策间是脱节的最主要原因在于第三方评估课题组对问题根源分析的缺失。可见，数据资料的局限以

及专业反思意识不足等问题共同构成了重描述而轻反思的形式化评估结果。

表 5.2 《2011 年 Z 区法治评估总报告》所反映的问题及建议

评估面相	存在的问题	建 议	
依法执政	基层实现公推直选、实现基层的党务和政务方面还存在透明度不够、公开的范围不够深入等问题	推进基层民主建设	(1) 逐渐地全面推进基层民主政权的"公开直选"; (2) 开展基层政权中的党务和政务的公开,创造各种条件促进公民监督基层政权的运作; (3) 在基层政权中设立社会民情反馈制度,使各种监督和建议、矛盾和纠纷等能在事前化解、事中追踪以及事后有效解决
依法行政	(1) 个别行政执法人员的素质有待进一步提高; (2) 行政审批的权限和工作流程的建设上还存在不够明确的地方	以编制规程为着力点,继续推进权力运行的公开化和流程化建设	(1) 进一步使各项权力的运行落实下来,以便于职责的实现和监督的实现; (2) 进一步推进网上行政审批和行政审批标准化建设; (3) 对一些重点领域,如无证无照经营、违法建筑、群租等领域的执法环节和流程需要进一步细化和明确,加大联合执法力度

续 表

评估面相	存在的问题	建 议	
司法公正	(1) 打官司难； (2) 社会弱势群众在平等享有司法资源、表达司法诉求的司法救助工作上还需要不断加强完善； (3) 在严格依法办事、公正廉洁执法、维护社会公平正义的能力上尚需要进一步提升	(空白)	(空白)
法律服务	(1) 政府主导的法律援助活动也存在类型比较狭隘的问题； (2) 法律服务市场有待于进一步规范	(空白)	(空白)
法制宣传	活动形式还比较有限，在整合社会力量来进行法制宣传上还有较大的工作空间有待开拓	(空白)	(空白)
社会建设	(1) 在纠纷解决机制运行上发展还不够平衡，有的社区比较弱； (2) 社会中信访问题还广泛地存在，一定程度上反映了各种利益诉求没能得到有效平衡	整合社会力量，推进社会建设	(1) 转变对社会力量的观念，不能视其为一种对抗性力量，而要认为是一种促进社会建设和谐发展的和谐共生力量； (2) 借力于社会力量来推进社会建设，如通过购买调解服务就是有效的尝试，可以将其推广到其他方面，从而积极地调动各方面的力量；

续 表

评估面相	存在的问题		建 议
			（3）立出专项基金作为整合社会力量的资金,走出目前随意性很大的局面,从而使借助于社会力量来推进社会建设变得制度化和程序化
法治监督	（1）对人大议案和政协议案的落实,有反映个别部门做得还不够; （2）对社会监督舆论的落实情况,也存在一些不满意的声音; （3）还有对法院、检察院在权力运行的透明度上,提出有待进一步改善的建议。也有对法院、检察院处置的个案提出异议	扩大法治监督的主体	（1）要保证信息传递渠道的畅通; （2）监督主体范围的选定应当逐步扩大; （3）需要对监督主体进行相应的培训

三、评估结果缺乏有效接纳

接纳意为接受、采纳,语出《后汉书·岑彭传》:"光武深接纳之。"心理学对该词进行了更为细致的解析,即"所谓接纳是我允许你以客体的身份,以你那独特的结构存在于我的内在"[①]。可见,对于委托方而言,真正意义的接纳应当将第三方评估结果的独特结构和作用原理嵌入其原有的内部管理机制中。然而,建筑于表层化的信息获取和资料分析,评估结果本身所能实现的直接效用在现实中是非常有限的。而这种有限性除了受制于以上两个环节

---

① 摘自百度百科"接纳"条。

第五章　法治第三方评估场域的行动逻辑与形式化

外,还与评估后期缺乏制度化和强制性的评估结果接纳渠道息息相关。

首先是第三方评估成为宣传工具而非革新工具的实际境遇。Z区作为法治第三方评估的先行地区之一,虽未如余杭法治指数那般进行大范围的对外宣传,但也吸引到了业内的关注,本省市乃至外省市其他区县相同职能部门相继组织考察团来访学习经验做法,由此为Z区司法局赚取了名声。但是初期宣传的内容经不起仔细推敲,因此并没有形成争相模仿之势。只有H市财力雄厚的J区也随后开展了法治第三方评估,但两区除了均是委托高校科研机构之外,在评估内容、评估方式间并无直接关联。因此,法治第三方评估并没有在H市形成革命性的评估运动。之所以如此,其背后因素有很多,诸如评估所需资金数额庞大、评估理念未被接纳、缺乏评估条件等,但笔者认为还有一个不可忽略的因素便是大家对评估效用的确认,正如H市负责市级层面法治考核的依法治市处B科长表示:

>"单纯地搞个第三方评估,我们也能搞,但是效用在哪里呢?在现阶段,纯粹的第三方评估不能客观地科学地反映一个地区的法治水平。某种程度上讲,有些第三方评估也只是做做样子,面子工程而已。真正起作用的,可以说很好,但寥寥无几。做工作不能靠花拳绣腿,不能靠面子工程。"

而之所以会有"面子工程"这样的评价,与其后期评估结果接纳少接纳难不无关系。当然,Z区的法治评估结果并不是完全悬空的,而是走进了对接政府管理体制的通道,即"已经放到绩效考核当中了"。只是,简单走进并不代表能够发挥实效,因为政府运作逻辑依旧是习惯自上而下自己领域内的"专业"管理。所谓的专业第三方评估结果在政府系统看来依旧是"外行"的看法,而且不具体。

> Z区司法局依法治区办工作人员J科长：
>
> "不可能说我们一个报告我们指出来的你出现一些什么问题你必须给我（整改），因为没有那么专业的，包括我们区里面的绩效考核，它对每一个委办局进行考核它到最后指出来你的问题也不可能那么具体那么专业的。因为每个部门确实它们的情况都不一样，具体的情况只有一个部门的局长、负责人他来指挥。就是说外行再去说你这个法治建设做得怎么怎么不规范，他们的情况我们都不是十分了解，只有他们的局长意识到了，到最后反映出来了。比如说今年我们公安一下子反映出来两个执法上面有问题的话，那它整个依法行政是有问题的，如果出了事情了我们倒追的话他肯定有问题，具体的一些细化的要求肯定是以条上面的要求和自己内部的要求为准的。"

而正是因为嵌入不足、无强制力，以至于"倒逼作用"都成为空想，法治第三方评估所能发挥的强制作用是非常有限的，更多的是一种呼吁，评估及依法而治的根本主动权依旧掌握在权力部门自身。

> Z区司法局依法治区办工作人员J科长：
>
> "整体的感觉呢，外部力量呢，包括我们法治城区的创建也好，第三方力量的评估也好，其实我们更多的是一种呼吁，或者是把这个事情纳入到我们整个区的一个重要工作，把它纳入进去，包括我们依法治区纳入到十二五规划，纳入到区委区政府年初的一个重点工作。只要把它纳入进去，你不需要怎么细化，就让各个委办局的领导，各个乡镇就知道这一块工作是重要的，具体的要求由他们自己去提。"

第五章　法治第三方评估场域的行动逻辑与形式化

法治第三方评估因其批判的不彻底、问题的针对性不强等原因，导致评估结果难以在政府系统激起千层浪，不免有种可有可无之感。但是，在Z区司法局看来，将第三方评估机制作为法治城区创建工作的配套机制依旧是必要的，在实践中也的确没有放弃第三方评估机制的继续探索。

Z区司法局依法治区办工作人员J科长：

"我觉得如果是法治城区创建从一开始我们下达的创建任务到接下来配套的评估机制那也是很有必要的。不然就等于不做了。"

可见，法治第三方评估的完善之路是必然要走的，而这条路的开拓需要开拓者有足够的前进动力和信心决心。但恰恰是这一点并未引起评估委托方和第三方评估机构足够的重视，大家都在疲于完成任务。当遭遇被动和理想幻灭时，责任心也慢慢消解了，而制度架构又没有及时完善，评估结果的呈现及接纳也日趋形式化，甚至只作为一项内部材料进行传阅，更别说构建系统的接纳机制、对评估报告进行深入研究、与政府日常工作的改进有机衔接等细节措施了。简言之，在第三方评估与实际工作完善之间尚未建立顺畅的桥梁，评估报告中的诸多政策建议仍存于纸面而未付诸实施，直接且显形的法治推动尚未得见。

以上问题说明，评估乏力贯穿于整个第三方法治评估流程之中，法治第三方评估场域自主性的匮乏是桎梏第三方法治评估的价值发挥从形式意义向实质意义跨越的症结所在。然而，第三方法治评估效能不足既不能单纯归责于政府的不作为，也不能简单质疑第三方评估机构的专业性与独立性，而是主体、制度多重因素综合作用下的产物，受制于当下法治建设的基本环境。但是，此类形式化的评估效应毕竟是与社会各界对第三方评估的推崇与效能期待是不相符的，更是有悖于第三方评估"发现问题、解决问题"的原初意向。而且评估形式化、评估效能不足等问题不是一家的，而是普遍存在于当前的法治评估场域之中的，余杭法治指数的文本分析同样可透视这一点。

第六章　形式化的又一个案：
余杭法治指数

　　一个不可否认的现象是，法治评估实践确实已经在地方上蓬勃兴起。这一实践变化也吸引了一批学者围绕法治评估、法治指数进行学术研究，并积累了一定的研究成果，包括构建指标体系的理论研究、地方法治评估的经验研究等。指数研究方面既有对国内外法治指数的介绍，也有对本土化构建的思考。但是对法治评估是否实现了政府、公众、学界对它的期待这一问题并无直接回应。法治评估是否真如宣传的或想象的那么有效呢？答案恐怕并不肯定，至少是不完全肯定的。

　　前文，笔者已通过Z区法治第三方评估微观运行过程的实证研究揭示了评估现实与评估理想的脱节，曾期望的"发现问题、解决问题"、"倒逼地区法治建设"等实质性成效并未出现。与此同时，各类地方性的突发性违法事件亦向人们敲响了法治评估的理想期待出现落空的警钟。比如余杭由九峰村垃圾焚烧厂引起的群体性事件就给余杭法治指数一记当头棒喝，将此前被高捧的余杭法治指数重重地摔落在地。可见，期待落空并非法治评估领域的一两个特殊个案，而是具有普遍性的社会现象，所以才有中央层面对"不能让第三方评估束之高阁"的强调，以及学界对第三方评估接纳机制的持续探讨。

　　本章将以早期余杭法治指数报告为研究素材，从法治评估效度的角度进行文本研究与反思。

第一节 "余杭中泰垃圾焚烧厂事件"与余杭法治指数

一、"余杭中泰垃圾焚烧厂事件"简述

2014年5月10日,浙江余杭爆发了一次震惊中外的群体性事件——"余杭中泰垃圾焚烧厂事件"(以下简称"余杭事件"),即"民众为反对杭州市余杭区中泰乡九峰村生活垃圾焚烧发电厂项目建设,封堵高速公路省道、打砸车辆等违法事件"[①]。事件起源于2014年4月,杭州市政府面对"垃圾围城"的难题做出了在余杭九峰村建造垃圾焚烧发电厂的项目规划。该工程项目规划一经公示,民众便因其对身体健康、环境质量、资产价值等多方面造成负面影响而采取集会等方式进行反对。随后,政社双方经由听证会、信息发布会等方式维持一定频率的沟通,但是总体来说政府回应缓慢滞后,民众的担忧与质疑一直未得消解,最后在一根导火索——"政府未经民众认可暗自开建垃圾焚烧厂"的谣传的刺激下发展成一件规模性聚集、性质恶劣的群体性事件。而在事件当场更有部分不法分子制造传播谣言,采取打砸车辆甚至围殴民警等暴力方式来宣泄情绪,导致现场秩序一度混乱,直到2014年5月11日凌晨事件才基本得以平息。在事件的后续处理中,公检法司联合发文惩治不法分子,官方通过大众媒体加强政社沟通并作出"项目在没有履行完法定程序和征得大家理解支持的情况下,一定不开工"[②]的声明,由此该群体性事件的危机警报

[①] 参见百度百科"余杭中泰垃圾焚烧厂事件",http://baike.baidu.com/link?url=w9JDSdlR1yGGif2-yi0EdLkk6L-roULiLUjSe3YNoxNoA7yJJsx7kwDq86nmB8EykatqXbs0C-_sxIyxKyJqLa,2016.7.17。

[②] 新浪新闻:未获群众理解支持不开工,http://news.sina.com.cn/c/2014-05-12/031030114473.shtml。

二、余杭法治指数

"余杭事件"的群体聚集性渐次消去,但随后媒介平台对该事件的反思报道继续,一时间普通网民、评论员、学者纷纷参与该事件的讨论。如凤凰网评论"自由谈栏目",以"余杭事件:邻避思维难免 邻避冲突可免"为题展开了专题讨论。大众网也有"余杭5.10事件分析"这样的全视角冷静分析。可以说,讨论热度很高,信息量很大,以分析问题为主:其一是民众问题,认为民众的暴力行为体现了民众利益表达方式不理性,公民维权意识的扭曲[1];其二是政府问题,认为地方政府未及时公开信息是该事件的导火索[2];其三是混合问题,民众与政府之间沟通不畅,尤其是民众缺乏对政府的信任[3]。

以上三种问题分析所下的结论其功能主要停留在提高关注度兼普及知识的层面,随着新一轮热点事件的发生,媒体对该事件的探讨便渐入终结,但是该事件的深度反思显然尚未完成。而对"余杭事件"的反思态度归根到底取决于如何定性该事件,即到底是将该事件当成一个简单的偶发性事件呢,还是余杭法治建设中的必然事件呢?笔者认为"余杭事件"是余杭法治的一个缩影,民众、政府、媒体在此交锋,是余杭法治条件下的必然产物,无论是发生原因还是处理过程都可用法治尺度去衡量或评价。从政府透明度、民众守法、执法程序规范化等法治角度予以考察不难发现,"余杭事件"发生前后呈现的却是政府信息低度透明、民众守法意识薄弱、行政程序不规范等法治基本要求不达标的事实,不由得令人联想到"余杭法治指数"。

---

[1] 荆楚网:晏佳伟:余杭事件,请理性表达利益诉求,http://focus.cnhubei.com/original/201405/t2924365.shtml。

[2] 新京报:"垃圾焚烧厂争议"需要冷静和理性,http://news.ifeng.com/a/20140512/40251250_0.shtml。

[3] 乐山日报:"余杭事件"背后的互信与沟通,http://www.cnepaper.com/lsrb/html/2014-05/12/content_2_2.htm。

作为中国地区法治指数的首发地,余杭自 2008 年公布第一份余杭法治指数至 2014 年"余杭事件"发生,已连续进行了六次法治评估。虽然在评估启动初期余杭法治评估也曾遭受过一些质疑,但更多是以一种发挥积极作用的形象展示给外人,并引领法治评估实践在其他省市地区蓬勃兴起。

2007 年至 2012 年的余杭法治指数分别为 71.60、71.84、72.12、72.48、72.56、73.66。这一系列总体指数能反映当年度法治基本状况,给人们一个整体印象,令人一目了然。尽管起初还有人质疑分值不高、法治不理想,但课题组给出的解释是在香港 75 分已是高分,所以余杭法治指数的分值充分说明余杭良好的法治状况,从而从总体上肯定了余杭政府的法治绩效。而法治指数也并非简单的绝对值的概念,而具有相对值的意义,其突出表现是为进行历年法治建设状况的对比提供参考。逐年递增的法治指数向公众展示了余杭的法治状况一直保持着上升趋势,是余杭政府在法治绩效方面始终追求更好的有力证明。

法治指数所塑造的良好政府形象,为余杭获得了上级的认可,以 2010 年为例,余杭司法系统收获了一系列国家级荣誉[1],如全国优秀法院、全国先进基层检察院、全国司法所建设先进单位等,可见法治指数能够助力余杭地区在全国的评比,已经成为展现余杭司法水平的一项重要的象征性标志。可见,法治指数的积极效应是非常明显的。但是,对于法治指数明确的绩效式定位,也出现过质疑之声,质疑政府是在花钱买数字[2],质疑法治指数的有效性[3],质疑法治指数缺乏含金量及评估的形式化[4]。对于这些质疑,余杭法治指数的课题组也做过总结,诸如"没有给出得出这一结论的证据","对余杭法治

---

[1] 钱弘道,等.法治评估的实验:余杭案例[M].法律出版社,2013:255.
[2] 郭振纲.法治指数的出台 政府花钱买数字?[N].东方早报,2008-06-19.
[3] 志灵.法治指数无法衡量所有法治现状[N].法制资讯,2008(4).
[4] 参见吴三兴的博文"'法治指数'究竟有多少含金量?",http://blog.astro.ifeng.com/article/2968775.html。

评估的质疑多发生在 2008 年上半年,此后质疑声减弱",并给出了质疑声减弱的三点原因,包括公众的理解、评估分值与研究文献的公开以及余杭法治指数具有对其他省市的导向意义和示范价值,从而否定了余杭的法治指数是一场"学术盛装和政治作秀"①的评论。

但是,"余杭事件"所暴露的法治问题,与蒸蒸日上的"法治指数"形成了鲜明的对照,不免令人再次质疑指数的价值以及法治评估在余杭发挥的实际作用到底有多大。该事件所暴露的法治问题显然不是突然发生的,而是长久存在于体制内的,这些问题单靠法治指数的数值是无法反映的,更不是其能够解释说明的。因此,应当通过法治指数报告这一详细的评估结果文本来理性探讨地区法治状况。但是以发现问题、解决问题为旨归的法治评估,为何在连续六七年的实施后,对一些基本的法治问题依旧束手无策?而且类似性质的事件在其他大力推动法治评估的地区也曾出现,比如湖南的贿选事件、闵行的史上最贵拆迁案等均发生在法治评估的先行区域。可见,尽管法治评估在其启动之时便自诩为"倒逼地区法治建设的手段",然而一些突发的规模性事件却表明评估理想与法治现实间是撕裂状态。这足以警示我们在高热度推行法治评估的同时,应当对法治评估的效度进行反省并形成清醒认识。所谓法治评估的效度,即法治评估的有效性,这里囊括两个层面:其一是内容效度,即所测量结果与所要考察内容的吻合程度;其二是结果效度,即法治评估对推进地区法治建设的作用效果。而这两个层面的效度既独立又相互影响,前者是后者的基础,后者是对前者的验证。

我们的研究依据余杭法治评估积累的文本材料,尤其是《法治评估的实验——余杭案例》和《中国法治指数报告(2007—2011年)——余杭的实验》两本专著。以余杭法治指数报告为基础形成的评估报告是值得重视的,它是当时专业团队所做工作的反映:第一,

---

① 钱弘道,等.法治评估的实验:余杭案例[M].法律出版社,2013:264.

评估报告的撰写需要法学、经济学、统计学、社会学等多学科知识的专业支撑,因此评估报告质量的优劣体现了评估机构对非专业信息的专业处理能力,是评判评估机构专业性的依据所在。第二,如果说法治指数是余杭向民众呈现的一份成绩单总分的话,法治指数报告则是对成绩单全貌的系统分析,包括政府职责履行、市场经济秩序、民众守法水平等法治建设的方方面面的详细说明,因此评估报告质量的优劣体现了法治评估的系统性和深度。第三,与余杭法治指数得分具有历时的比较价值一样,以经验、问题、建议为主要框架的法治指数报告同样具有对比研究的价值,尤其是关注历年评估报告所揭示的问题和提出的建议有无变化时。因为建议是否被采纳、问题是否有所缓解,说明着评估结果是否被接纳,论证着法治评估的有效性程度。

具体研究路径则是遵循社会学文献研究方法的准则,提出法治评估在其初期阶段效度有限的研究假设,通过指标体系构建、信息采集和资料处理三个关键的评估操作过程的文本分析验证法治评估的内容效度,通过历年法治指数报告结论部分的对比分析验证法治评估的结果效度,最后就两类效度的分析获得结论并进行原因解析。

第二节 从评估操作过程看法治评估的内容效度

尽管通过前文的分析摆明了法治评估低度批判流于形式等事实,但并非旨在否定法治评估,而是以改进法治评估为研究指向。因此,需要知道评估低效的原因。而现有研究更多将问题归因于评估结果缺乏接纳,但笔者认为这只是结果导向的解析,要完整认识该问题,还需要注重过程分析。由于缺少入场的机会,本研究仅借助文书材料对余杭法治指数对操作过程进行分析。笔者从余杭法治指数的对外宣传资料考察,对其特点与发生逻辑作如下三点总结:第一,余杭法治指数是量化评估的基础,其构建需要专家系统提供专业性的智识支撑,具体则体现在评估指标的构建、分值权重的设置、问卷设计、问卷调查与数据统计等一系列操作。第二,余杭法治指数从其本质来说是一种评估工具,即"兼具激励和约束功能的管理工具和技术手段"①,不过其功能的发挥效果有待时间检验。第三,余杭法治指数的实施是在政治精英的总体推动下,由学术团队精细加工、全民参与的一次地方性实验,即所谓的"余杭实验"是由政府牵头、专家系统主导、政府公众共同参与的评估实践,而且多元主体共同参与的原则在余杭法治评估体系的构建中便已考虑到。

不过,事实运作过程是否如其宣传所示还有待考察,以下从指标体系的构建、评估信息的获取、数据处理的方式等三个方面进行评估内部操作层面的分析。

一、指标体系的构建

余杭法治指数的课题组在法治余杭评估体系框架下,从四个层面设计了一套详细的评估指标,即法治余杭评估总指标、区级机关指标、乡镇街道评估指标、村镇社区评估指标。其中,总指标依据法治余杭建设的九大面相细化为九大具体目标:"一、推进民主政治建设,提高党的执政能力;二、全面推进依法行政,努力建设法治政府;三、促进司法公正,维护司法权威;四、拓展法律服务,维护社会公平;五、深化全民法制教育,增强法治意识、提升法律素养;六、依法规范市场秩序,促进经济稳定的良性发展;七、依法加强社会建设,推进全面协调发展;八、深化平安余杭创建,维护社会和谐稳定;九、健全监督体制,提高监督效能。"从这 9 项一级指标又延伸出了

---

① 钱弘道.余杭法治指数的实验[J].中国司法,2008(9).

26项二级指标、77项三级指标,且辅助了具体的考评标准(方便打分)①。区级机关指标则将余杭区的机构部分分为七大类,即党政机关部门、经济管理部门、司法部门、执法部门、社会服务部门以及公用事业部门,进而依各部门职责任务不同而分设评估指标,明确了各被考核部门及其相应的考核内容,具体的考核内容则操作化于"十一五"规划部署、"三五"依法治区、"五五"普法教育规划等法治余杭建设文件所规定的各项任务。乡镇街道层面则评估组织制度建设、依法行政、依法管理、法制宣传四个方面,共有31项考核内容。村镇社区评估组织制度建设、民主建设、法治建设三个方面,其中农村社区各有25项存有差异的考核内容。

从指标结构来看,余杭法治评估指标体系实现了纵向指标与横向指标的有机结合。横向指标是主要针对区级机关重点部门的职能而分设的评估指标,重在考察各部门的法治绩效。纵向指标包括总指标、区级各职能部门的评估指标、街镇的评估指标、村社区的评估指标,前三项指标主要反映政府职能履行的基本情况,最后一项则反映基层的法治状态。在这四级纵向结构中,尤为值得注意的是最后一项及村社区的评估指标。由于村委和社区居委在我国政府体制改革下已经逐渐褪去政府职能派出机构的头衔,成为居民或村民自治的组织,因此对村社一级组织及基层状态的考察不是去考察政府职能命令的执行情况,而是看基层自治和基层民主的运转情况。由此看来,余杭法治评估体系在系统性与完整性方面是典型。

再从指标的生成过程来看,在《法治评估的实验——余杭案例》一书中,余杭法治评估的课题组对如何设计这一系列评估指标并没有详细说明,仅有"课题组为此进行了大量调查。经过多次讨论,最后形成了法治余杭评估体系"的简述,然而,指标的生成过程决定了指标的质量,如何调查、怎样讨论这都是指标真实有效的关键。尽管

---

① 钱弘道,等.法治评估的实验:余杭案例[M].法律出版社,2013:98—112.

第六章 形式化的又一个案：余杭法治指数

课题强调了调查与讨论，但从指标的具体表述我们可以发现，各操作性指标均是通过转化政府职能的表达而来的。当然这种表述方式也有其优势，确保了指标的针对性、适用性和可行性，为评估余杭法治状况提供了操作上的便捷性。作为一份评估法治政府工作绩效的指标，这是很完善的，但作为一份评估法治整体状况的指标，这是欠缺的。因为这样一份指数框定了民众抑或专家评定的范围，这个范围本身是政府有选择地呈现出来的，评估主体的参与方式尽管形式多样，但其思维方式是受政府制度所设定的。因此，尽管有第三方的独立评估，尽管有民众的大量参与，尽管有专家的专业评定，仍挡不住、灭不掉法治评估成为政府进行政绩包装的工具。这就解释了为什么"余杭事件"呈现出来的余杭法治与法治指数报告所呈现出来的余杭法治存在差异。因为法治评估指标的构建是遵循政府官方话语的逻辑，而非真的是法治运作逻辑。

再对具体评估指标进行考察发现，量化的指标更偏重政府工作步骤也就是程序层面，而对民主推动下的工作实效的测量所占比例较小。以法治余杭评估总指标为例，多以"参与比率"、"达标率"、"公布率"、"办结率"、"执结率"的数值考察为主，这些"率"的确是评判的客观性依据，也是量化法治评估生成法治指数的有效指标。这些指标反映了政府工作在量上面的成果，也说明政府工作中对程序严格执行，但是缺少对政府效能的质的评估。以民主参与对党委决策影响为例，参与率是一个方面，参与中公众意见的采纳情况对决策的影响效果则是另一个方面。仅以参与率来衡量，是难以揭示"走过场"的不良情形的。作为弥补，典型调查应成为一个可选方案，通过了解具体个案的发生、发展与结束，以弥补量化数据的信息缺陷。

总体来说，余杭的法治指标的设置并非直接借鉴全球法治指数等国外法治指标，而是直接以余杭法治建设的重点项目为考评对象，并部分参考了我国香港特别行政区的法治指数。这样的指标设置是符合中国国情的，由法治建设任务详细分解而来可直接测量的操作性指标保证了评估的可行性。所以从本土情境的考量来看,余杭的法治评估是相当具有针对性的一种绩效考核。也就是钱弘道等所明确表示的"就性质而言,该项属于一种社会治理规划(政策)评估,旨在针对余杭区建设法治城区的规划和政策活动的绩效进行相对客观的评估"。这种评估定位有它的优势,就是评估的九个法治面向是确切的,是有现实资料可供支撑的,在时间上也是具有连续性的,这也就奠定了进行历年对比的基础。并且这种评估方式具有自主性,是在政治经济社会等状况达到一定的成熟条件以后开始的自我主动的内生评估实践,且这种自主性是余杭法治评估得以年年延续的重要动力。

但是,缺乏对中国特色社会主义法治观的深刻理解,评估指标设置的思想基础是西式法治观,所要反映的价值标准是以西方法治理念为准则的,缺少对法治评估社会基础的考察与分析,这样容易造成评估的形式化,且容易沦为政府包装自己的工具。而且余杭法治评估这种绩效式定位过于实用主义,往往体现的是程序法治的一面,对法治的价值要素尤其是民主在评估指标中的渗透及渗透的重要价值的反映程度是不充分的。法治的重要功能之一是规范政府权力的正当使用,避免权力滥用,法治的实现需要公众的民主政治参与。法治评估作为法治建设的衍生物,同样需要民众的充分参与,也就是说法治指标既要反映政府的工作绩效,也要充分吸纳民众的意见,最有监督权和发言权的无外是法治政府的受众,其中既包括普通公众,也包括代表广大群众行使监督权的人大代表和政协委员,后者更拥有信息优势。也就是说,评估指标的构建不只是专家们的游戏,更需要保障公众的话语权,更应尊重公众的意见、吸收公众的智慧。为此,修正指标需要潜心慢行,需要深入到群众中,通过扎实真诚的访谈,而不是简单的专家式的德尔菲法。如何加以完善,如何真正实现指标与国情社情的高度匹配,同时也要兼顾现实性与前瞻性,这的确是一项高难度的智识考验。

二、评估信息的获取

余杭法治评估突破了封闭式内部评估单一信息来源的局限,搭建了一个由普通公众、政府系统的工作人员、企业家等市场主体代表和记者等媒体代表、律师等法律共同体代表以及法学统计学等专家学者等多元主体共同参与的评估网络,无疑这是一个综合性的网络,对构建该综合网络的意义,课题组曾明确表示"能够较好地降低单一评价主体的主观性偏见带来的评价误差,最大限度地保证法治量化评估的客观准确性"[①]。可见,余杭法治评估的信息获取是内外结合的,是大众评判与专业评价相结合的。面对多元的评估主体,课题组借鉴香港法治指数评估的数据获取方法,将数据来源分为法律数据和调查数据[②]。

法律数据是官方统计的数据,具有两大作用:其一是直接整合进评估报告,其二是作为外部评估者进行评分的参考依据。政府无疑是国内最大的数据采集方和所有方,其所能提供的数据量也远高于其他民间统计机构,但是数据对公众的开放是有限的,所以才需要评估机构做专门的搜集供打分者参考。然而是否存在与纷繁复杂的评估指标一一对应的参考数据是值得怀疑的,这将致使打分者只能在有限的客观数据基础上进行相对主观印象的打分,而非完全客观中立的评分。

调查数据则主要来源于对民众法治满意度的主观性认知调查,为此课题组设计了九份不同主题的民意调查问卷,包括"人民群众对党风廉政建设的满意度"、"人民群众对政府行政工作的认同度"、"人民群众对司法工作的满意度"、"人民群众对权利救济的满意度"、"人民群众的社会法治意识程度"、"人民群众对市场制度规范性的满意

---

① 钱弘道,等.法治评估的实验:余杭案例[M].法律出版社,2013:242.
② 钱弘道,等.法治评估的实验:余杭案例[M].法律出版社,2013:314—315.

度"、"人民群众对监督工作的满意度"、"人民群众对民主政治参与的满意度调查问卷"、"人民群众对安全感和治安满意度"[1]。具体的调查方式则有实地调查、电话访问和网上调查等,调查区域涉及党政军工农学商等各种单位、火车站、汽车站等[2]。主题丰富的调查问卷确实为信息的收集奠定了扎实的基础,多种调查方式也实践着实事求是和客观中立的原则。但是从问卷的结构中我们看到了一个不可忽视的问题,那就是缺乏对调查对象基本资料的搜集。调查对象的基本信息是问卷结构中不可或缺的组成部分,通常作为社会调查中的重要自变量,缺少这一类信息,统计便没有针对性。至于课题组所声称的克服偏见的评估也缺少进行有力支持的证据。若从社会调查问卷的规范上来看,正如风笑天所说的"如果一份资料缺少这些变量,实际上也就成了废卷"[3]。

此外,据课题组介绍,"余杭地区的法治状况评估,正是通过大量定性和定量的研究才得以完成的"[4]。因此,除了法律数据、调查数据等量化数据之外,质性材料也是评估信息的重要类型。但是从各项文本来看,我们都只能看到课题组对定量评估的绝对重视,而无定性研究理论储备的介绍。相较于详细的评估指标及问卷,定性研究的方法论、问题假设、研究提纲等均未在评估经验总结和介绍中有所突出,而即使是给人以精确感和复杂性的数据统计也存在不足,尤其是缺乏现象间关联的设计与揭示,哪怕是剔除特殊情形的普遍关联。

三、数据处理的方式

从信息处理方式来看,余杭法治评估既有单项的简单分析,也有

---

[1] 钱弘道,等.法治评估的实验:余杭案例[M].法律出版社,2013:83—93.
[2] 钱弘道,等.法治评估的实验:余杭案例[M].法律出版社,2013:83.
[3] 风笑天.社会学研究方法[M].中国人民大学出版社,2009:176.
[4] 钱弘道,等.法治评估的实验:余杭案例[M].法律出版社,2013:296.

项与项之间的对比分析,但总体来说描述多于原因解析。余杭法治指数报告中着重分析的数据有三类:

第一,有关群众满意度问卷数据的分析,在报告中所呈现的是一个总体满意度得分,即通过固定的方程式计算出人民群众对"党风廉政建设、政府行政工作、司法工作、权利救济、社会法治意识程度、市场秩序规范性、监督工作、民主政治参与、社会治安"等九项的分值。一目了然的数值便于进行历年的对比,但具体问题的数据并未得到细致的分析,因此群众满意度问卷数据的分析显得单调苍白。且由于缺乏单个问题间的对比,难以发现历年差异何在。

第二,有关内外组评审结果的分析,相较于民众满意度问卷数据的分析而言稍复杂些,不仅有组内的纵向历史维度的对比分析,还有组间的横向不同评估主体意见的对比分析,且内外组间的差异点得到了明确的揭示。不过内外组之间的对比分析仅是简单的数值罗列,同质与差异所蕴含的重要含义、差异的原因同样尚未被深挖。

第三,从专家组评审得分分析来看,自2009年的法治指数报告这一数据的分析才得以重视。课题组称:"总之,专家组评审从专业化的角度给出法治指数,一定程度上平衡了与内外组评分产生的差异,也凭借专业化水准提示余杭法治建设应努力的方向。"可见,余杭法治评估课题组对专业评估的重视、对评估水平的提升起到了关键的促动作用,但要警惕把差异的平衡与余杭法治的未来完全寄希望于"专家"。尽管专家可以凭借理论储备对研究问题进行深度透视,但是专家在学术研究中积累的观点是否符合地区法治现实,依旧是有待验证的。因为归根到底,问题的呈现还是需要依赖社会事实,也就是说专家的评判不能脱离实践进行理论空想,也应当以地区法治的特征与基本状况为基础。然而,从报告中我们发现前期收集的地区法治信息与专家的评审依据往往是"两张皮"。

此外,面对专家意见、民众意见、内外组成员意见的差异点,评估课题组没有充分的质性材料予以差异性根源分析,当面对评价主体所指出的法治问题也没有质性材料予以详细说明并解读根源所在。即是说,分析的局限产生于对数据采集的方式过于定量化,缺乏定性的资料采集。进而形成的后续反应便是以数据分析为主的报告只能对政府工作提供就事论事的问题指导,评估建议难以具有长远的战略眼光。

第三节　从评估结论的对比分析看法治评估的结果效度

一直以来大家过多关注法治指数得分的变化,却鲜少关注历年评估报告的文本变化,本研究以《中国法治指数报告(2007—2011年)——余杭的实验》为基础文本资料,进行评估报告的文本分析,尤其是问题和建议等评估结论部分。问题建议等结论部分是对前期所处理和分析数据的一种提炼,是评估的核心成果,体现了法治评估的民主性与专业性。从理论上讲,法治评估若能有效推进地区法治建设,将在评估结果的问题部分有所显示,比如问题减轻或消除。而问题的解决与评估建议的有效性又是息息相关的,建议部分的对比分析是判断建议是否专业、是否具有操作性、能否为政府所重视的可行方式。

一、问题的对比剖析

法治评估的出发点是为了"找问题补短板",倒逼地区法治建设,因此问题剖析应当是法治指数报告中最为重要也最能体现评估成效的部分。简要来说,2007年的法治指数报告集中揭露了余杭在监督体系、司法公正、市场秩序、法治意识四个方面的问题,且在每个大问题下面又细分诸多小问题,力图将问题阐释清晰。2008年和2009年两份法治指数报告则从党委依法执政、政府依法行政、司法公平正义、权利依法保障、市场规范有序、监督体系健全、民主政治完善、全民素质提升、社会平安和谐九个方面全面分析和批判了余杭法治建设中存在的问题。2010年和2011年的法治指数报告所反映的问题则显得较为琐碎,但焦点基本集中在监督、司法公正、市场秩序、法治意识等方面。可见,历年报告形式所有差异,但其大体框架还是较为一致的。下文集中选取监督体制、司法公正、市场秩序、法治意识四项在报告中得到一贯关注的主题,对具体问题进行分类整理。

(一)监督体制的问题

2007年的法治指数报告对这一主题的问题挖掘是最为全面的,包括"监督体系的形式庞杂、制度烦琐与实施效果的低下形成了鲜明反差"、"惩治和预防贪污腐败的体系不成熟不完善"、"监督体制没有从一开始就获得足够的权限,权力没有得到来自社会多元性的监督,不可能有很高的监督成效"、"政府的责任追究和绩效评估制度不尽完善"[1]。2008年的法治指数报告在监督体系这一主题上所指出的主要问题有三项,即"行政监督主体地位不高,缺乏监督力度"、"政府权力过大,权力运作不公开"、"舆论监督没有发挥"[2]。2009年的法治指数报告指出监督体系的核心问题为"监督执行"[3]。2010年的法治指数报告指出监督体制存在监督效能低下、监督意识薄弱、形式大于内容等问题[4]。2011年的法治指数报告指出的问题是"内部力量和民众力量均不足"[5]。

(二)司法公正问题

2007年的法治指数报告围绕司法权威指出了司法公正的三个问题,即外部环境不佳、法官检察官的业务素质和能力不过硬、人情官司后门官司等问题[6]。2008年的法治指数报告指出妨碍司法公正

---

[1] 钱弘道,等.法治评估的实验:余杭案例[M].法律出版社,2013:66—67.
[2] 钱弘道,等.法治评估的实验:余杭案例[M].法律出版社,2013:159—160.
[3] 钱弘道,等.法治评估的实验:余杭案例[M].法律出版社,2013:259.
[4] 钱弘道,等.法治评估的实验:余杭案例[M].法律出版社,2013:320.
[5] 钱弘道,等.法治评估的实验:余杭案例[M].法律出版社,2013:356.
[6] 钱弘道,等.法治评估的实验:余杭案例[M].法律出版社,2013:68.

的主要问题是执行力度不够、行政干预以及司法工作者的素质等①。2009年的法治指数报告指出的司法工作方面的问题是执行难、党政干预司法②。2010年的法治指数报告指出司法权威受挫仍旧是当下整体所面临的难题③。2011年的报告则简单地用数据说明余杭司法公正权威指数的下滑,但并未真正说明原因。

（三）市场秩序问题

2007年的法治指数报告将影响市场秩序的问题直指薄弱的市场秩序诚信体系④。2008年的报告则指出了市场秩序治理中的三大问题,包括坑蒙拐骗等市场陋习、市场管理机关的运作问题以及非诚信经营等⑤。2009年和2010年所指出的问题则与2008年的基本一致,2011年的市场秩序得分更是降到历年来新低。

（四）法治意识问题

2007年的法治指数报告总结"全区公众的法治意识还比较淡漠"⑥。2008年的报告指出全民法治素养的问题有三个,即法治意识淡薄、法制教育水平落后、法治教育方式需改进⑦。2009年的报告则指出的是法制教育辐射面有限的问题。2010年的报告对此未作评论,而2011年的报告则是简单给出了"处合理水平,但距优秀值还有距离"⑧的总体评论。

由以上问题部分的对比分析可见,经评估挖掘的法治问题是集中且一以贯之的,但是问题在揭示之后却无显著改善。具体来说,一是监督体制作为法治指数报告所要揭示的重点问题一直占据着报告的首位,尽管表达方式多样,但是都围绕着"监督执行难"来谈;

---

① 钱弘道,等.法治评估的实验:余杭案例[M].法律出版社,2013:153.
② 钱弘道,等.法治评估的实验:余杭案例[M].法律出版社,2013:256.
③ 钱弘道,等.法治评估的实验:余杭案例[M].法律出版社,2013:316.
④ 钱弘道,等.法治评估的实验:余杭案例[M].法律出版社,2013:69.
⑤ 钱弘道,等.法治评估的实验:余杭案例[M].法律出版社,2013:157—158.
⑥ 钱弘道,等.法治评估的实验:余杭案例[M].法律出版社,2013:69.
⑦ 钱弘道,等.法治评估的实验:余杭案例[M].法律出版社,2013:163—164.
⑧ 钱弘道,等.法治评估的实验:余杭案例[M].法律出版社,2013:357.

二是司法公信力下降的问题一直有呈现却从未有改善;三是诚信等市场秩序问题一直未得到有效解决,甚至有恶化的趋势;四是公众的法治意识作为地区法治的核心问题,亦未能在短期内得到显著提高。

二、建议的对比剖析

对应以上地区法治的重点问题,法治指数报告中也针对性地提出了建议。

（一）关于监督体制的建议

2007年的法治指数报告提出的建议是"采取多元化监督方式"、"加强检察机关人员的职业道德修养"等①。2008年的法治指数报告的建议落实到具体的制度和机制上,包括区人大、区法院、区政府联合监督、完善政府信息公开制度、建立健全舆论监督机制②。2009年的建议进一步深化,不仅有强化监督网络、健全舆论监督机制,还有明确监督重点、责任监督工作体制等③。2010年和2011年的报告均尊重群众意见,建议加强体制内外的监督,提高监督效能。

（二）关于司法公正的建议

2007年的法治指数报告针对所发现的问题提出了营造良好的外部氛围、提升法官检察官素质等建议④。2008年提出的四点意见分别针对法院的审判和执行工作、法官素质的提升、杜绝党政干预以及监督管理的规范化⑤。2009年的建议是严守司法程序确保判决的执行、坚持法律职业性⑥。2010年和2011年的报告仅总结群众所提

---

① 钱弘道,等.法治评估的实验:余杭案例[M].法律出版社,2013:67.
② 钱弘道,等.法治评估的实验:余杭案例[M].法律出版社,2013:160—161.
③ 钱弘道,等.法治评估的实验:余杭案例[M].法律出版社,2013:259.
④ 钱弘道,等.法治评估的实验:余杭案例[M].法律出版社,2013:69.
⑤ 钱弘道,等.法治评估的实验:余杭案例[M].法律出版社,2013:154.
⑥ 钱弘道,等.法治评估的实验:余杭案例[M].法律出版社,2013:256—257.

的问题,并未给出具有建设性的实质意见。

(三)关于市场秩序的建议

2007年的法治指数报告指出为保障市场秩序,必须大力开展诚信体系建设①。2008年的报告所给出的建议较为系统,包括厘清政府管理部门的职责、加强对市场的引导和规范、借助媒体力量对公众进行诚信教育等②。2009年的三条建议中有两条与2008年的建议完全一致,增加的一条建议是要求完善各类法规③。2010年和2011年的报告均止于总结问题,而无针对性意见。

(四)关于法治意识的建议

2007年的法治指数报告建议首先要加强政府部门自身的法治意识,同时要通过普法教育提升群众的法治意识,并给出了较为具体的举措④。2008年的报告给出了三大建议,即着重提高领导干部的法治化管理水平、通过家庭学校单位社会多阵地联动来深化普法教育、调动律师媒体等外部力量创新普法方式⑤。2009年的建议则是扩大法制宣传辐射面,并将重点落在"权利义务对等观念"⑥。2010年和2011年的法治指数报告在法治意识部分的建议与其他部分情况一样较为弱化。

从以上四部分建议的梳理,我们不难看出这样两点:第一,2007年至2009年的法治指数报告均比较重视建议部分的内容并较为细化,而2010年至2011年的报告则明显弱化了建议的地位。第二,即使在较为重视建议部分的2007年至2009年,无论是制度上的建议,还是操作层面的建议大多在重复提出。

---

① 钱弘道,等.法治评估的实验:余杭案例[M].法律出版社,2013:69.
② 钱弘道,等.法治评估的实验:余杭案例[M].法律出版社,2013:158.
③ 钱弘道,等.法治评估的实验:余杭案例[M].法律出版社,2013:259.
④ 钱弘道,等.法治评估的实验:余杭案例[M].法律出版社,2013:71—72.
⑤ 钱弘道,等.法治评估的实验:余杭案例[M].法律出版社,2013:256—257.
⑥ 钱弘道,等.法治评估的实验:余杭案例[M].法律出版社,2013:261.

三、问题建议对比分析的结论

结合以上问题部分和建议部分的对比分析发现,我们并不能从法治指数报告中找到法治评估倒逼地区法治的有力证据,相反是相同问题的一再揭示以及建议部分的老调重弹甚至日渐虚化这类评估事实。由此可推测:

第一,无论是问题的揭示与分析,还是建议部分的专业指导都呈现出分量渐轻的情况(如表6.1、表6.2所示),说明在法治指数评估最初两三年间评估各方的热情最高、投入最多,然而到第四年便开始呈现出疲乏姿态,评估日渐形式化。

第二,问题一直存在却未有实质性改善,说明与余杭政府在媒体宣传中对专业统计方法、科学方程式得出的法治指数数值的重视和强调形成鲜明对比的是,法治指数报告的具体内容却是被忽略的,问题未被重视,建议未被采纳,即评估结果缺乏有效接纳。

第三,前两点又共同说明法治评估的效度是很有限的,更多停留在形式意义上而非实质促动,评估日渐呈现出"为评估而评估"的特性,评估从手段退化为了目的本身。

表6.1　2007—2011年法治指数报告问题数量

问题类型	2007 法治指数评估报告问题数量	2008 法治指数评估报告问题数量	2009 法治指数评估报告问题数量	2010 法治指数评估报告问题数量	2011 法治指数评估报告问题数量
监督体制	4	3	1	3	2
司法公正	3	3	2	1	1
市场秩序	1	3	3	3	3
法治意识	1	3	1	0	1

表 6.2 2007—2011 年法治指数报告建议数量

建议指向	2007 法治指数评估报告建议数量	2008 法治指数评估报告建议数量	2009 法治指数评估报告建议数量	2010 法治指数评估报告建议数量	2011 法治指数评估报告建议数量
监督体制	2	3	4	1	1
司法公正	2	4	2	0	0
市场秩序	1	3	3	0	0
法治意识	2	3	1	0	0

第四节 评估效度有限的表现与原因

经由以上文本分析,笔者发现余杭法治评估既有成功之处,可资学习和借鉴的包括指标体系构建的方法、信息采集的方法、凝聚地区法治共识等积极作用等,但亦有不足之处亟待反思和完善。现就文本分析总结如下:效度有限是法治评估发展初期的事实问题,而且成因复杂。具体说来,存在内外因共同制约下的评估深度有限和评估结果影响有限问题。

一、评估深度有限及原因

余杭法治评估尽管有着很强的专业外衣,但整个评估主要是简单描述式的,缺少因果关联式的分析,最终结果是仅能部分揭示面上的问题而未能解释问题的成因,评估深度之有限显而易见。追问原因,既有评估方式上的问题,也有评估条件的问题。

第一,从评估方式角度来看,课题组试图通过量化的评估来给出科学的结论,也曾强调用定性评估予以补充,但是经过上文的梳理可以看出,有量化却没有相关性(乃至因果)的分析,有质性的信息采集技术却没有深入了解政府工作的具体运作逻辑。然而，真正有深度的评估需要理解政府的运作逻辑，需要理解政府治理模式与法治建设成效之间可能的因果关系。法治评估作为对法治进行全面检视的一项机制，应该承载其更多的职责，然而缺乏对与问题相关事件发生过程的深入探析，缺乏对政府运作逻辑的理解，是难以找出问题的症结所在的。

第二，评估所具备的现有条件也难以支撑评估的彻底性。这里既有第三方评估团队的自身条件，也有评估委托方所能提供的条件。由于法治已渗透政治经济社会生活的方方面面，对实践中的法治要能够形成全面的理解，必须借助法学、社会学、行政学、经济学、统计学等多门学科知识，因此为实现高质量的评估必须配套以知识结构比较完整的评估团队，然而从余杭法治指数的课题组成员的学科背景看，相对来说还是比较单一的。即使在以上外部条件均具备的条件下，我们还需要政府部门予以充分配合，才能真正达至理想的评估深度。但是从现有的评估途径我们可以看到，评估方仅是对部分内部工作人员进行量表测定或访谈，而并没有能够真正深入政府的日常工作中，党政各部门并没有对第三方评估团队完全开放。缺乏这一开放条件，我们便无法论证话语所简单表述出来的内容是否与实际运作相一致，更无法了解并论证是否存在相悖之处。然而，期望完全开放也是不现实的，这具有难以一朝便能克服的阶段性问题，因此在有限的空间内，如何做到最理想的状态，对第三方评估机构来说的确是一大挑战。

二、评估结果影响有限及原因

从法治指数报告问题和建议部分的分析结果中我们可以获知，课题组历年所反映的问题相似，建议也相似，而且建议部分有越来越弱化的趋势。可见，相较于每年向外公布且较受追捧的指数值，具有战略意义的法治指数报告的实际影响力却并不理想。

首先，要质问的是评估报告所提建议的含金量。法治指数报告并非出自实务部门，而是由具有专业权威的知识分子出具。知识分子往往以产出理念为己任，因此从前期的报告中我们也能看到一些具有创新性的制度和机制意见，这是值得肯定的。但部分建议往往给人空中楼阁之感，简言之即"看去很美好，落地很困难"。因为在法治建设过程中会出现的种种问题和困扰并不能由简单的制度设计和策略创新就可得到解决，所出台的具体法治举措需要契合整个体制环境和社会环境，方能排除障碍有效推进法治建设。然而余杭的法治指数报告所提建议仅仅是依据表面问题进行的理论设想，而在问题本身尚未分析透的情况下，建议的治本性可想而知。2010年及2011年的法治指数报告更是将建议部分几笔带过，问题的叙述也仅是罗列被调查对象的话语，或作一两句简要总结，实在无法支撑评估报告发挥重大影响力。

其次，要质问的是法治评估报告的接纳结果。年年反映的问题相似，年年提出的建议相似，这足以说明前期的问题及建议并未得到党政工作系统的有效接纳，可见评估与接纳始终是"两张皮"。尽管2008年和2009年的法治指数报告以评估结果对实际工作所产生积极的影响作为开篇，试图跳出就评估而评估的限制，说明并促进评估与接纳的有效对接，但在2010年和2011年的报告撰写中却并未得到延续，这也从侧面补充说明了法治评估并未得到有效接纳。在实践中，法治评估结果已作为整体考核的一部分依据，但将一些问题与建议落到实处却要受制于当下的行政领导体制。作为其他各委办局的平行部门，司法局没有这样的权力与权威直接对其他部门下达改进意见，下级部门直接服从上级部门，各部门的工作方向受上级部门及本部门领导决定。实践中往往是领导或上级部门若重视，那么法治评估中所指出的问题和建议就能在本部门下一年度的工作中进行解决或落实。这样的话，法治评估对法治工作的推进便缺乏稳定性。因此，让法治指数报告得到有效接纳，对实际工作进行直接的推动还有很长一段路要走,需要实务界与学术界就构建出符合现有体制条件的法治评估接纳机制达成共识,并投入智识努力。

　　由此看来,法治评估初期发展阶段评估效能有限的问题并不能简单归因,而是多方面因素共同作用下的结果。加之没有明确的责任主体,更容易放任评估形式化的发展,因此,如何保障法治评估顺利完成制度化转型之路应当是下一步研究思考的重点。

第七章 法治第三方评估场域的认同与进阶

前文的实证研究与文本分析说明法治第三方评估有效性不佳乃普遍事实,而评估运行过程的微观分析则动态地说明了倒逼逻辑从建立到瓦解的整个过程并进一步证明,法治第三方评估场域相较于政治场域是弱势的、权威不足的,是处于附属地位的。正如布迪厄所认为的知识场域相对于政治场域仍旧是处于被统治地位的,这亦意味着尽管法治第三方评估场域能够在法治建设场域中得以型构,却依旧缺乏充足的自主性。而法治第三方评估的权威性和有效性不是外在因素能够赋予的,其必须建立在评估场域的自主性基础之上。因此,法治第三方评估场域的自主性是否可能、如何实现是决定该场域生存与功能的关键,值得探究。

首先我们要确认法治第三方评估场域已经出现这一事实,而且正如布迪厄曾在分析知识场域时指出的"是历史的与社会的条件使得一种知识场域的出现成为可能"。法治第三方评估场域亦是在特定的历史条件下出现的,表现为宏观的制度条件、中观的机制条件和微观的主体条件。而且,抛开不理想的成分,通过评估场域的运行,法治第三方评估也在实践中呈现了一定的积极意义,因此,应当对法治第三方评估持乐观态度。

不过也要正视场域从萌生到成熟的发展要求,而这一转变必须依靠场域自主性的增强。而且,场域的规则逻辑越清晰、对抗外界干扰的资本量越大,则自主性越强。因此,法治第三方评估场域的进阶任务便是带着对发生条件已经具备、评估价值的自信去重塑场域自主性,从而实现评估的有效性。

第一节 法治第三方评估场域的发生条件已备

通过系统回顾法治第三方评估的初期发展阶段,我们应感自信的一点是法治第三方评估的发生条件已基本具备。而且值得提醒的一点是,尽管有学者将法治评估在国内的发生与国际法治指数运动勾连起来,但是通过Z区法治第三方评估的系统考察,我们可以得知法治指数全球化运动对其的影响和促动是间接的甚至是极其微小的,Z区法治第三方评估的发生是地区法治发展到一定阶段的内生需求。具体来说是随着法治建设自上而下逐步推进的,考核成为一项必要的配套措施得以同步发展。而作为地区法治的具体落实部门,政府在承担实务工作的同时,也有着自我认识的心理需求。当内部的自我认知无法满足其合法性需求的时候,专家所倡导的以获取外部评价为特色的第三方评估建议被接纳,第三方评估机制作为一种设想开启了评估地区法治建设状况的实践之旅。而且,由理想设计落实到具体行动,不是一个强行嵌入的过程,而是在制度、体制、文化、主体等诸条件共同支撑下渐渐内化的过程。

一、根基土壤:宏观层面的制度条件

法治建设的宏观环境是法治第三方评估得以发生的基础背景,假设还是在一个没有将法治作为治国方略的时期,让政府主动委托第三方评估机构来评估地区法治是不可能的。而法治评估需要公众的参与,若公众尚无参与法治建设的民主通道,由公众有效评价地区

法治状况也是不可能的。因此,民主法治发展到一定阶段才会催生法治第三方评估的需求和操作空间,法律制度条件和民主制度条件则是法治第三方评估发生的重要制度条件。

法律制度"是一个国家民主政治的法律化、制度化","是一个国家的执政者运用法律管理国家和社会事务的行为规范"①。1997年9月,具有划时代意义的"依法治国,建设社会主义法治国家"治国方略写入党的正式文件,1999年3月又由第九届全国人民代表大会第二次会议通过正式写入宪法,由此新中国开启了全力建设法治国家的进程。至2010年底,"一个立足中国国情和实际、适应改革开放和社会主义现代化建设需要、集中体现中国共产党和中国人民意志的,以宪法为统帅,以宪法相关法、民法、商法等多个法律部门的法律为主干,由法律、行政法规、地方性法规等多个层次法律规范构成的中国特色社会主义法律体系已经形成,国家经济建设、政治建设、文化建设、社会建设以及生态文明建设的各个方面实现了有法可依"②。由此,法律体系在形式上基本完备,可供地区各项法治建设所依据,而且立法制度、监督制度、行政执法制度、司法制度、诉讼制度等规范法制运行的具体内容也规定其中。

从我国法律制度的形成过程来看,是具有时间性和阶段性的③,即是在党中央的领导下有计划、有步骤地依据社会实际需要而制定的过程。截至2011年8月底,我国已制定现行宪法和有效法律共240部、行政法规706部、地方性法规8 600多部④,大致归属于宪法部门、行政法部门、刑法部门、民商法部门、经济法部门、社会法部门、

---

① 肖扬.当代法律制度[J].法学家,1999(6).
② 参见:中国特色社会主义法律体系,人民网,http://cpc.people.com.cn/GB/64093/64387/16050297.html。
③ 朱景文.中国特色社会主义法律体系:结构、特色和趋势[J].中国社会科学,2011(3).
④ 参见:中国特色社会主义法律体系,人民网,http://cpc.people.com.cn/GB/64093/64387/16050297.html。

第七章　法治第三方评估场域的认同与进阶

程序法部门等七大部门。其中,宪法相关方面的法律38部,行政法方面的法律79部,一部统一的刑法,民法、商法方面的法律33部,经济法方面的法律60部,社会法方面的法律18件,诉讼与非诉讼程序法方面的法律10部。这些数字呈现了一个从无到有的质的跨越,也体现了从少到多的数字绩效。这些法律制度涵盖了各类社会关系,把政府、市场、社会等各方面都纳入了法治化轨道,是我国推进法治建设的坚实基础。

在中国特色社会主义法律体系形成之时,为适应经济社会发展和社会主义民主法制建设需要的完善之路亦被提上了日程,一场持久而艰巨的攻坚战同时开启。法治的重点由法律制度的制定向法律制度的完善转移,由立法的数量向立法的质量转移,向法律制度的有效实施转移。而且,尽管某些法律制度仍不尽如人意,但法治之路已确定是不可逆的,不会再倒退到无法可依的时代,"有法必依、执法必严、违法必究"也成为迫切、突出的要求。

法治本身即内含着民主,法治建设需要民主建设的辅助。但是民主作为一种价值观并非天然便能实现的,是需要诸项具体民主制度来保障的,而民主实现与否,运作效果如何,从根本上来说还得取决于各项民主制度的执行,于是伴随法律制度而生的还有民主制度,即公民以独立的人格积极主动参与法治建设的各项制度,其核心内涵便是公民通过民主法治的公共参与来实现对权力部门的监督和规制。而民主的公民参与价值取向亦具有自上而下、全面推动的特点:2001年江泽民同志发表的"七一"讲话中强调:"要充分发挥人民群众的主观能动性和伟大创造精神,保证人民群众依法管理好自己的事情,实现自己的愿望和利益。"[①]党的十六大报告强调:"健全民主制度,丰富民主形式,扩大公民有序的政治参与,保证人民依法实行

---

① 江泽民:《在庆祝中国共产党成立八十周年大会上的讲话》,新华网2001年7月1日。

民主选举、民主决策、民主管理和民主监督,享有广泛的权利和自由,尊重和保障人权。"①党的十七大报告强调要"保障人民的知情权、参与权、表达权、监督权",要"推进决策科学化、民主化,完善决策信息和智力支持系统,增强决策透明度和公众参与度,制定与群众利益密切相关的法律法规和公共政策原则上要公开听取意见"②。由此,我国形成了由人民民主专政制度、人民代表大会制度、多党合作与政治协商制度、民族区域自治制度和基层民主制度构成的宏观民主制度。党的十八大报告强调要"坚持用制度管权管事管人,保障人民知情权、参与权、表达权、监督权",明确"凡是涉及群众切身利益的决策都要充分听取群众意见,凡是损害群众利益的做法都要坚决防止和纠正",关键是"让人民监督权力,让权力在阳光下运行"。党的十九大报告强调要"加强人民当家作主制度保障",要"发挥人大及其常委会在立法工作中的主导作用,健全人大组织制度和工作制度,支持和保证人大依法行使立法权、监督权、决定权、任免权,更好发挥人大代表作用,使各级人大及其常委会成为全面担负起宪法法律赋予的各项职责的工作机关,成为同人民群众保持密切联系的代表机关",要"加强协商民主制度建设,形成完整的制度程序和参与实践,保证人民在日常政治生活中有广泛持续深入参与的权利。"

因此,由众多法律制度所支撑的法治基本形态为政府部门委托第三方评估机构评估地区法治提供了基本的信心和勇气,法治国家、法治政府、法治社会等目标也为第三方评估提供了基本的评测准则和特色的价值观。以公民有序参与为价值取向的宏观民主制度则是公众参与法治第三方评估、提出有效意见的根本制度保障,也是法治第三方评估得以成行并发挥实效的基础条件。简言

---

① 江泽民:《全面建设小康社会 开创中国特色社会主义事业新局面——在中国共产党第十六次全国代表大会上的报告》,新华社北京 2002 年 11 月 17 日电。

② 胡锦涛:《高举中国特色社会主义伟大旗帜 为夺取全面建设小康社会新胜利而奋斗——在中国共产党第十七次全国代表大会上的报告》,新华社北京 2007 年 10 月 24 日电。

之,宏观层面的法律制度、民主制度是法治第三方评估得以扎根的土壤。

二、直接养料:中观层面的体制条件

虽说法治第三方评估是民主法治发展到一定阶段才会催生的产物,但是民主法治的建设并不会对第三方评估实践直接产生需求,从需求到行动是一项从无到有的质的跨越,需要中观机制的支撑,包括政府体制、监督体制等。

在由计划经济向市场经济转型过程中,政府体制明显地呈现出"压力型体制"的特色,尽管这一概念在研究者提出不久便预示将过渡到民主合作体制,然而事实却是压力型体制从经济建设领域延伸到了社会管理领域[①]。同样,法治建设领域也未能幸免压力型体制的运行方式,表现在自上而下的任务分解机制、多部门共建的任务完成机制以及竞争性的考评机制等方面。

(一)自上而下的逐年逐级深化的法治政府建设任务分配

主要遵循国务院印发的一系列指导性文件的相关规定,见于1999年1月印发的《国务院关于全面推进依法行政的决定》、2004年3月印发的《全面推进依法行政实施纲要》、2010年10月印发的《国务院关于加强法治政府建设的意见》。具体来说是各地政府和政府各部门领导的责任由"领导和监督"(1999)[②]细化到担负第一责任人到责任"一级抓一级、逐级抓落实"(2004)[③];法制工作机构由简单的参谋助手角色(1999)任务具化为"综合协调、督促指导、政策研究和

[①] 杨雪冬.压力型体制:一个概念的简明史[J].社会科学,2012(1)。
[②] 参见百度百科:《国务院关于全面推进依法行政的决定》(1999),http://baike.baidu.com/link?url=0bWBcLe_1jHiDqTE1uA-Klk_aBYm7MGrbSfJYUw5L-bbK4C_ZMQYp-2SN7GmQivQBq4YeVWTb_jZs0lUXx6kOK。
[③] 参见百度百科:《全面推进依法行政实施纲要》(2004),http://baike.baidu.com/link?url=i15GYKOe5B1S9wVw2Dfo4j8ZxuHfNrAflMxhkuPSRsZDQKmO7a3zXTuKPztB15_8TcnFiMzjNa3dFsdDjQh3Ea。

情况交流工作"(2004)①;"合理划分和依法规范各级行政机关的职能和权限"(2004)②也在"县、乡两级行政机关承担具体的行政执法任务"(1999)③的基础上进行了深化,2010年的规范性文件则从行政决策机制、行政执法机制、政府信息公开机制、监督机制、纠纷调解机制、法律宣传机制、法律培训机制等方面细化了各级行政机关的职责④。而且法治建设的各项任务具有特殊性,是对行政、执政、司法等部门的工作准则的"依法"限定,是内部指向型的任务,有学者将其归纳为"权力规训"⑤,其目的是为了更好地输出高质量的群众满意度更高的公共服务,最终是为了确认执政行政的合法性。

(二)多部门、多主体共同参与的法治建设机制

法治建设涉及政府的各个部门,也涉及立法、执法、司法、监督等各个方面,是一项共同体事业。从法治部门来说,党委要依法执政、行政机关要依法行政、司法机关要公正司法、社会系统要全民守法。从法治内容上来说,决策主体要求依法决策、民主决策,为此需完善内部决策机制、公众参与和专家论证机制、决策程序、决策跟踪反馈和责任追究制度等。立法部门要科学立法,为此要开展听证会、论证会等以扩大公众参与,广泛听取社会意见,要建立专家咨询论证制度。执法主体要求依法执法,为此行政执法体制、行政程序建设、执

---

① 参见百度百科:《全面推进依法行政实施纲要》(2004),http://baike.baidu.com/link?url=i15GYKOe5B1S9wVw2Dfo4j8ZxuHfNrAflMxhkuPSRsZDQKmO7a3zXTuKPztB15_8TcnFiMzjNa3dFsdDjQh3Ea。

② 参见百度百科:《全面推进依法行政实施纲要》(2004),http://baike.baidu.com/link?url=i15GYKOe5B1S9wVw2Dfo4j8ZxuHfNrAflMxhkuPSRsZDQKmO7a3zXTuKPztB15_8TcnFiMzjNa3dFsdDjQh3Ea。

③ 参见百度百科:《国务院关于全面推进依法行政的决定》(1999),http://baike.baidu.com/link?url=0bWBcLe_1jHiDqTE1uA-Klk_aBYm7MGrbSfJYUw5L-bbK4C_ZMQYp-2SN7GmQivQBq4YeVWTb_jZs0lUXx6kOK。

④ 参见百度百科:《国务院关于加强法治政府建设的意见》(2010),http://baike.baidu.com/link?url=me4rTyPzbu62U29xOkjq1aFXEm4NBGCniJEnDUT2L0l18UvQyif64qAScVAJgD4WXciIUM3uaSdjCKEqSLfzVq。

⑤ 林辉煌.法治的权力网络[D].华中科技大学,2013.

法主体资格制度、执法责任制等一系列机制成重点法治任务。宣传部门全面推进政务公开,为此贯彻落实《政府信息公开条例》,"规范和监督"两手抓推进办事公开,利用互联网信息技术创新公开方式。法制工作机构加强组织领导和督促检查,为此要加强地区法治建设任务的研究和部署,做好督促指导、监督检查、舆论宣传的工作,科学设定法治绩效考核体系等。

(三)竞争性的考评机制

为了调动各地区、各部门法治的积极性,法治建设规划选择了竞争性路径,即由全国普法办主导的法治城区创建活动和考核,以及以荣誉感引导地区法治建设的先进单位评选活动。2008年,全国普法办印发了《关于开展法治城市、法治县(市、区)创建活动的意见》的通知。2012年,为了规范法治城区的创建活动,全国普法办印发了具体的考核指导标准,即《全国法治城市、法治县(市、区)创建活动考核指导标准》,确立依法执政、制度建设、依法行政、公正司法、经济法治建设、基层民主法治建设、法制宣传、法律服务、社会和谐、法治监督体系十项考核面相。2013年,全国普法办又印发了《关于深化法治城市、法治县(市、区)创建活动的意见》[1],进一步明确了法治城区创建活动的总体要求和主要任务。2014年又印发了《关于"全国法治县(市、区)创建活动先进单位"评选推荐工作的通知》,确定了推荐范围及条件、推荐程序、工作要求,令这一竞争性考评机制日渐规范化[2]。2010年、2012年、2014年分别表彰了首批、第二批、第三批"全国法治县(市、区)创建活动先进单位",而地方政府对其的定位也是"全国普法办对普法依法治理工作取得显著成绩的地区授予的最高

---

[1] 详见中国普法网:《关于深化法治城市、法治县(市、区)创建活动的意见》,http://www.legalinfo.gov.cn/index/content/2013-08/02/content_4720685.htm?node=7864。

[2] 参见中华人民共和国司法部网站:《关于"全国法治县(市、区)创建活动先进单位"评选推荐工作的通知》,http://www.moj.gov.cn/index/content/2014-10/31/content_5825859.htm?node=7346。

荣誉称号,是衡量一个城市文明程度、管理水平、法治建设、社会和谐的重要标尺"①。为此,地方政府也是亦步亦趋,从印发地方性法治城区创建活动通知,到评优省级法治城区创建先进单位,再到积极参与全国性法治城区创建先进单位的推荐评选,一步不落。

而与政府承受并开展自上而下的法治任务的工作机制相对的是,民主理念引导下的监督机制紧跟其上,包括人大政协监督、社会舆论监督等各项外部监督机制也在逐渐配套并完善中。1999年《国务院关于全面推进依法行政的决定》中规定:"各级政府要自觉地接受同级人大及其常委会的监督,接受政协及民主党派的民主监督,接受司法机关依据行政诉讼法实施的监督,接受人民群众监督、舆论监督。"②2004年的《全面推进依法行政实施纲要》做出了"自觉接受人大监督和政协的民主监督"、"强化社会监督"等民主监督机制的详细规定③。2010年的《国务院关于加强法治政府建设的意见》不仅要求行政执法部门自觉接受监督,而且提出了具体制度要求,做出了"拓宽群众监督渠道……完善群众举报投诉制度……支持新闻媒体对违法或者不当的行政行为进行曝光……"等更为细致的规定④。尽管还存在监督乏力的问题,但至少形式上、程序上的民主监督要求还是下达并得到了基本保障。这些监督体制的存在为人大代表、政协委员、普通群众、舆论媒体参与法治第三方评估提供了法律依据,而公众在

---

① 参见资兴市人民政府门户网站:《我市再获全国法治县(市、区)创建活动先进单位》,http://www.zixing.gov.cn/sitepublish/site1/zwgk/zwdt/zwyw/content_55909.html。

② 参见百度百科:《国务院关于全面推进依法行政的决定》,http://baike.baidu.com/link?url=0bWBcLe_1jHiDqTE1uA-Klk_aBYm7MGrbSfJYUw5L-bbK4C_ZMQYp-2SN7GmQivQBq4YeVWTb_jZs0lUXx6kOK。

③ 参见百度百科:《全面推进依法行政实施纲要》(2004),http://baike.baidu.com/link?url=i15GYKOe5B1S9wVw2Dfo4j8ZxuHfNrAflMxhkuPSRsZDQKmO7a3zXTuKPztB15_8TcnFiMzjNa3dFsdDjQh3Ea。

④ 参见百度百科:《国务院关于加强法治政府建设的意见》(2010),http://baike.baidu.com/link?url=me4rTyPzbu62U29xOkjq1aFXEm4NBGcniJEnDUT2L0l18UvQyif64qAScVAJgD4WXciIUM3uaSdjCKEqSLfzV。

监督实践的参与过程中也积累了地区法治信息,从而为其参与法治第三方评估进行客观公正的评价奠定了知识基础。

因此,政府运作体制的诸多内容,尤其是考评机制,内生了法治第三方评估的需求,同时也是法治第三方评估在地方开展的路径依赖所在,尤其是已有的考核体系和考核标准。民主监督体制为公众广泛参与法治建设打开了通道,也为法治第三方评估的实施创造了可行性条件。简言之,中观层面的政府运作体制、民主监督机制等条件是法治第三方评估之树的直接养料。

三、法治园丁:微观层面的主体条件

制度条件与体制条件具备之后,法治第三方评估的发生还需主体要素的推动才能真正得以落实。若无多元主体的推动与配合,再完美的法治第三方评估设计也只能是空想,从计划到行动政治精英、评估专家、社会公众缺一不可。因此,从微观层面来看,各主体便是法治第三方评估之树常青的园丁。

(一)从政治精英的角度来看,其对法治第三方评估的敏感性与行动力是促使法治第三方评估在地方成行的两大关键点

敏感性一方面来自政治精英们的法学专业知识,能够把握住具有前瞻性的活动设计,由其提出想法,进而通过集体决策的形式最终确定下来。另一方面则来源于其对地区条件的准确把握。经济增长曾在过去几十年一直主导着各级地方政府的发展思路,但随着生态问题、腐败问题等的显形,上级政府对下级政府考评指标结构也在进行调整,加上公众权利意识的逐步增强,地方政府必然要将注意力部分转移到法治建设、生态文明建设等方面来。所以,相较于改革开放初期,政府在经济建设领域上的注意力已部分转移到法治建设领域。相较于经济发展水平稍落后的中西部地区,南方各省市更有基础或资本将注意力转移到法治建设。当中西部地区仍在为不良的治安环境而投入精力和资源时,南方发达省市

已经可以在相对较好的法治条件下开始法治升级的思考。而法治评估作为一项创新社会管理的方式得以提出时，表明部门领导已经从日常事务的运转中抽离出来，开始关注如何改进这一领域的工作，这有助于应对工作人员对日复一日工作的审美疲劳，也有助于解决工作过程中的难题与困境，进而能够维持各部门对法治建设的高热情投入。政治精英的行动力则表现在及时将注意力分配到法治第三方评估的设计规划、操作落实中，从最初的组织专家、政府工作人员进行可行性讨论，体现在做出法治第三方评估决策，再到选择专业的第三方评估机构、参与评估过程、鉴定评估报告、评估成果宣传等方方面面。当然，完整意义上地接纳第三方评估的独立性、客观性和公正性，尚有待与第三方评估机构经评估实践的相互交融与磨合予以实现。

（二）从评估专家的角度来看，法治第三方评估的设计与实施都离不开专业的第三方评估机构，并且不是一般的商业性评估机构，而是高校科研机构

高校科研机构介入法治评估既有偶然性也有必然性。偶然性表现为到底是哪所高校、哪个科研机构、何时承接评估工作，必然性则但凡政府做出法治第三方评估的决策，能够承担此评估项目的必然是有能力、有信心承接该项目同时还拥有扎实的法学理论基础、成熟的第三方评估技术、丰富的第三方评估经验的高校科研机构。法学理论基础为第三方评估机构精准把握评估内容提供了思想来源，第三方评估技术负责完成评估得以运行的基础性工作，第三方评估经验则有助于提前考虑法治第三方评估可能遇到的知识瓶颈并予以规避。尤其是，对委托型第三方评估来说，政府机构掌握委托权，控制评估资金，因此第三方评估机构的确很难做到真正意义上的独立，难免在评估实践中采取符合政府的美化期待的行动策略，比如为政府说好话，减少问题的暴露。但是第三方评估机构也并非完全受制于政府，带着推进中国民主政治建设的理想抱负，其也会在评估运作中

采取相应的策略来抵消政府的过度影响,尤其是通过问卷设计、访谈等技术手段,借力评估意见的反馈方,从而在政府主导与第三方独立中寻找平衡点。

(三)从社会评价主体的角度来看,其法治意识以及法治信息储备是其参与法治第三方评估的有利条件,是公民社会得到一定发展后才能做到的

经过多年的法制宣传工作,法治理念已逐渐影响社会公众、市场主体的思维方式,通过法律来解决纠纷的事件比例逐年上升;村民/居民参与民主选举的意愿也在增强,甚至达到了百分之百的参选率;公众权利意识逐渐增强,面对可能的权利受损时会及时采取集体行动策略维护自己的权益;政府的信息公开制度以及民主监督制度的创设也为公众了解法治信息、参与法治建设提供了机会、积累了感观经验。因此,由社会主体来评价地区法治建设状况既具有法理基础,也有现实依据。

由此,在制度、体制、主体等三大条件支撑下,法治第三方评估具备了由设想转化成现实的发生基础。简言之,政府委托的法治第三方评估是民主法治制度发展到一定阶段的产物,是政府压力型体制和民主监督机制直接作用下的产物,并由政治精英、评估专家、社会公众等多元主体共同支撑起来。

第二节 法治第三方评估场域的形式价值已显

经过政治精英与专家学者的共同努力,法治第三方评估作为地区法治多层次评价体系中的一员被采纳、被执行、被接受,虽然在实践初期未显见其对地区法治建设的实质推动,但也不能忽视第三方评估机制创新的积极意义,包括其评估程式的理性化、评估过程的民主性以及评估实践的常规化。

一、评估程式理性化的价值

伴随着评估经验的日渐成熟,法治第三方评估不再是简单的摸着石头过河,而是具有相对固定的符号系统、相对稳定的评估流程和基本明确的劳动分工。这些均是评估程式日渐理性化的价值所在,体现了法治第三方评估的知识积淀功能。

(一)相对固定的符号系统

法治第三方评估场域之所以得以兴起是由特定的符号系统支撑的,即以法治评估体系为核心的评估语言。这套符号系统由评估指标体系、评估主体、评估方法、评估结果等结构组成,是一套相对稳定的知识体系。之所以说稳定,是因为就单个地区法治评估实践来看,其所运用的评估指标体系和评估方法,参与第三方评估的主体类型,以及最后所呈现的评估结果形式都是基本固定的。其中,评估指标的稳定性表现在一级指标围绕法治政府、法治社会的具体要求进行设定;评估主体的稳定性在社会公众,当然这一公众是广义的概念,包括人大代表和政协委员、市场主体、普通群众、法学专家等;评估方法的稳定性表现在定性与定量相结合这一准则;评估结果呈现形式基本稳定在量化的地区法治得分以及以经验总结、问题分析和对策建议为主要框架的法治评估报告文本。但是这些符号系统也并不是一成不变的,而是会依据实际情况需求进行微调,或者因评估技术的日渐成熟而进行改进,因而变化也是可能的、需要的,诸如三、四级指标的增减、评估主体的增加等。但很少会出现颠覆性的变化,如此一来,地区法治第三方评估具备了跨年度的纵向对比的可能性。而这种纵向对比的价值在于也许在一年两年内未必会体现得很明显,但是若以五年十年为跨度,就会呈现较大的差异,从而有助于长远战略规划的设定。

(二)相对稳定的评估流程

从地区实践来看,法治第三方评估已经具备了相对固定的符号系统,伴随其生的是相对稳定的第三方评估流程,包括政府向第三方评估机构委托授权、第三方评估机构执行评估、评估主体反馈法治信息、第三方评估机构撰写评估报告、委托方验收评估报告等。其中,政府委托流程从最初的简单授权转向了更为公平的招投标程序。第三方评估机构执行评估又包括评估准备、评估实施、评估反馈等一系列过程。评估主体反馈法治信息的方式主要是量表、问卷、访谈等。第三方评估机构撰写评估报告也是一个从简单梳理数据到深度分析的过程。委托方验收评估报告主要是一个简单的专家论证会,但后续还可能有修改评估报告、向上反馈和对外公布评估结果等流程。而且从地区法治第三方评估实践来看,评估流程已经取得了基本规范。

(三)相对明确的劳动分工

明确的劳动分工是令符号系统和评估流程由静态走向动态的主体要素。符号系统是需要人去用的,评估流程是需要人去完成的,因此主体的能动性需要被激发,而激发的前提是明确的劳动分工。法治第三方评估经过初期的运行,主体间的劳动分工也逐渐明确下来。政府系统提出授权并保障评估资金,第三方评估机构进行知识产出并主导评估过程的实施,评估参与主体根据第三方评估机构的要求反馈评估信息。当然,这三者并不是完全独立的,而是基于基本的劳动分工会产生相互影响的。政府有资格有资本对第三方评估机构生产的评估知识提出意见,不过我们要注意为了私利的故意干扰。第三方评估机构也可以凭借自己的知识资本向政府争取评估项目的委托。第三方评估机构所运用的评估工具、评估方法将直接影响受众的信息反馈,而评价主体的认知与反应也会影响第三方评估机构对评估工具和评估方法的选择。这些交互影响也是劳动分工的必然结果。

二、评估过程民主参与的价值

法治第三方评估中,与评估程式理性化配套的是评估过程的民主参与,且不论实际效果如何,民主形式的创新也是法治第三方评估的价值所在,即突破了封闭式考核的传统,实现了对社会公众的开放,搭建了第三方评估平台,为实现政府系统与社会系统的对话沟通架设了桥梁。

(一)法治第三方评估在多元主体间构建了一个现实存在并相对稳定的沟通平台

尽管相较于有形可见的政府服务窗口,这个平台更像一个虚拟的网络平台,具有临时架构的特性。但是在这一临时场域也具有稳定性,即每年会在相对固定的时限内通过问卷调查、座谈会等各种形式让各方评估主体参与并讨论地区法治建设的种种。即评估委托方、第三方评估机构、被评估单位、社会评价主体等多元主体以地区法治建设为言说对象,通过自评自测报告、问卷调查、座谈会等形式发表意见,进行法治监督。由此,评估平台成为链接和沟通政府与公众、国家与社会的中间通道,评估指标/体系、评估方法、评估工具、评估程序等机制环节与主体间的交往沟通在平台上形成了相辅相成的关系。

(二)法治第三方评估平台的运行以公众的广泛参与为基础

尽管是评估专家在运用特定的理论技术搭建评估平台,但是评估工具、评估方法等只是平台得以运转的技术基础,而公众才是平台运行的本体基础。第三方评估机构在评估实践中动员公众参与评估,广泛收集公众对地区法治的评价意见,这意味公众的监督权等权利从法律文本的规定走向了活生生的世界。地区法治建设的权利主体得到了更大范围的扩展,是对公众的监督权的尊重与落实,也是法治内涵民主的表现。由此,法治第三方评估能够疏通自下而上的法治反馈机制,为自下而上的权利诉求提供一个通道,从而从形式上弥补传统话语空间的封闭式缺陷。由此,在客观上形成一定的公共性效果,法治第三方评估的民主价值不仅是理论设想的,更是实践可显示的。

三、评估实践常规化的价值

法治第三方评估在实践中还有诸多不理想的地方,也未得到全面的认可,但是其作为一项创新工作机制得以保留并实现常规化。每年年中,评估委托方会组织法治评估的招投标工作,进而选定第三方评估机构开展年度法治评估工作,且每五年进行一次总结评估。总而言之,是在稳定中有些许变化,在保守中有部分突破。在这份坚守中,法治第三方评估正从最初的偶然性和政策性的发展阶段逐渐向制度性转型。正如江平教授所说,"真正能够让国家养成'健康体魄'的还是制度性的因素",日渐制度化的法治第三方评估终将发挥扎实推进地区法治的功能。而现阶段通过评估工作的常规化已取得了初步效应,主要包括区域间广泛交流的增进、法治评估理念的普及以及民主法治意识的提高等。

(一)区域间交流的增进

Z区法治第三方评估在H市乃属首创,是基层法治建设创新的典型代表,连续多年被纳入H市蓝皮书之"H法治发展报告"一书。其成果吸引了H市其他区县的注意,并成为各司法局学习交流的重点之一。自2010年开始,每年都有不同区县的司法局,尤其是依法治区办工作人员及领导前往Z区司法局交流法制工作经验,法治评估指标体系、"Z区依法治区工作评估报告"及后续的跟进措施,包括出台一些政策文件,如"Z区司法局依法行政工作规程"等,均是Z区可资交流的重要资本。而跨区的交流则有助于彼此拓宽思路、改进方式、提高依法治区及其评估工作的效能。

(二)法治评估理念的普及

受Z区法治第三方评估实践的影响,H市的J区、B区纷纷开展法治第三方评估。尽管负责评估的第三方评估机构各不相同,采取的评估指标也不一致,但是,基本理念是类似的。其他评估机构在实施法治第三方评估时,也都注重公众的满意度评价,注重评估的指标化,注重问卷与访谈相结合等。

（三）民主法治意识的提高

随着国家对依法治国方略的重视,法治理念逐渐普及,而法治第三方评估工作的持续推进则加速了法治意识的内化,成为行政、司法、基层民主等建设工作必须遵守的准则。因此方有 H 市行政法制研究所研究员 T 所观察到的"即使有些工作是领导决定的,但他们必须要走法律规定的程序,不再是以前领导一拍脑袋决定就可以干了"。而 Z 区司法局也在历年的评估摸索中逐渐意识到公众参与的重要性,因而将调查问卷挂在司法局的网站上,并作为一个流动图标以引起来访者的注意,以期获得客观的公众评价结果,可见政府部门对外开放的决心与信心。

第三节　法治第三方评估场域的进阶方向

在敢于吃螃蟹的人的前期探索下,地区的法治第三方评估已经持续了近十年,而且没有中途放弃的,这说明法治第三方评估之树已在地方扎下根基,但如何使该树常青必须对评估工作进行反思,拔出杂草、施下沃肥,从形式化的意义向实质意义深入,真正实现自主有效的法治第三方评估。

一、正确认识法治第三方评估的平台本质

法治第三方评估平台到底是大众平台还是精英平台这个问题尚未作为一个清晰的学术问题予以讨论,但是这已经严重影响法治评估的实践走向,即从最初的大众平台设想逐渐偏向精英平台。从实践角度来看,在外部经济社会发展和内部自我改革的双重压力之下,政府部门已经意识到要吸纳社会主体对自己的工作绩效进行评价,寻获合法性的支持。但是,由于时间、人手、精力乃至技术手段等方

第七章　法治第三方评估场域的认同与进阶

面的限制,政府部门自己来操作整个社会评价是不现实的,而且也未必能够得到社会公众的认可。此时,第三方以"独立方、公正者"的角色出现,正好契合了政府部门获得"客观性评价"的工作需求,双方一拍即合,形成了委托与被委托的工作关系。但是,第三方评估机构在接手委托方所要求的工作任务的同时,殊不知也被转嫁了诸如"消极抵制"、"配合度不高"、"数据缺乏"、"信息失真"等隐蔽的难点和压力。而这些难点和压力在第三方评估启动之初,委托方和被委托方并未提前预知。当这一系列压力在第三方评估过程中逐渐展现出来时,第三方为了保证评估工作在形式上能够顺利进行、按期完成,只能在现有的条件下进行策略调整,选择"继承"而非"颠覆",如"放弃自设指标、沿用绩效指标"、"评价参与者的选择权交由委托方"、"放弃创新数据,从有限的数据库中提取"等。

至此,第三方评估平台乃大众平台的实质逐渐被各方所忽视,取而代之以对其为精英平台的期望。委托方对第三方的要求是"专家要能够发现我们看不到,但又确实是的深度问题",将问题的挖掘与剖析完全寄希望于第三方的专家,而未意识到第三方专家并非评价主体,公众才是监督并表达意见的权利主体,因此在后续的工作中也就忽视了要实现目标所应具备的条件,即公众的有效参与。而诸如"我们做的很多工作都没有反映到报告中去"的抱怨则透露了其"晒成绩"的迫切需求与寻求认可的心理,也说明委托方对"找问题"的应有初衷有所偏离。委办局等被评价主体则出于自身利益的考虑,往往在信息提供上更是有选择地"报喜不报忧",第三方对此惯习也只能被动接受。而公众赖以评价的问卷载体,其所设计的问题也是来源于政治精英所构建的评价指标,公众依旧是二手信息消费者,在既定的框架内发表有限的意见。而第三方自身在评估操作时受资金限制及各种顾虑,也未能致力于公众的深度参与,致使公众在第三方平台中的参与依旧是有限的。其最终结果是"多方共谋下的弱批判"。

可见,第三方评估是法治评估实践迈出的重要一步,但要让政府部门、社会大众能够真实有效地参与第三方评估,要让第三方评估平台成为真正的大众平台,还有很长一段路要走。这是一个具有重大影响的理念问题,必须予以明确。第三方法治评估是民主法治发展下的产物,而其本质就是民主政治的体现,是要通过搭建第三方平台让社会大众能够自由地对法治建设各方面发表他们的意见,其首要价值在于通过公民权利来抑制权力的滥用,保障权力行使的公正高效,这是法治的应有之义。随着法治建设的推进,党政系统、司法系统等各部门逐渐探索接受社会监督的制度与机制,动员社会成员共同参与社会治理,如法院的陪审员制度改革、财政预算的人大监督、执法大联动机制等。第三方评估平台应当让这些参与者以及其他未能直接参与但政治效能感高的公众能够在平台上真实全面地表达他们的监督意见。这是将监督落到实处的关键一步,是公民权利得以根本实现的标志,更是权力规范行使的保障。其二,发现社会大众对法治建设的切实需求。除了党政权力规范运行这一必备条件之外,法治还需要明确党政权力往何方行使。第三方评估平台应当让各方参与者(包括被评估主体)勇敢地对法治发展的现实困境予以揭示,为法治建设找准发力点,从而合理高效地分配行政资源、司法资源、财政资源等,让其更好地为社会大众服务。其三,以第三方为桥梁,实现政社对话。有时候政府各部门间、政府与公众间在直接对话时,各方会带着各自的顾虑而有所保留,致使沟通缺乏深度。而且在实践中不乏这种情况,社会评价与内部评价存在较大差距,政府在辛劳办事、努力完成各项任务,却得不到社会的认可,其中不免有信息不对称的原因。而第三方平台要致力于让评估参与方能够放下包袱,诚实而完整地表达他们的观点,并把这种多视角的观点予以梳理呈现在评估报告中。而评估报告的交流公开则是让各方都能够从对方的视角来看待法治建设及自己的行为,有益于获得彼此的谅解,形成社会认同。

要实现以上价值与目标,对公众开放只是打造大众平台的第一步,公正客观的评价必须建立于公众对法治事物的充分认知之上,而这有赖于政府信息公开制度的完善。因为公众对法治事物认知中,来自自己切身经历的只是很少的一部分,更多的是在消化二手信息。而政治精英则掌握着政务、党务、村务信息公开的主导权,也只有其拥有系统全面输出信息的能力。个人间传播的信息、媒体传播的信息与政府公开的信息相比,都是非常碎片化的,有时候甚至是失真的。政府必须承担起主动公开的职责,保障公民的知情权和监督权,也有助于避免不必要的误解。而完善政府信息公开应当从这三个方面入手:(1)加强观念转变,即做到"以公开为常态、不公开为例外"、"从政府权力型向民众权利型转变";(2)扩大信息面,即除了常规的职能信息和法律法规信息之外,还应当增加社会监督等信息;(3)提升技术支撑,加强门户网站建设,为公众查询信息提供便利。

二、勇于突破传统惯习

法治第三方评估在其形式构建出来后做到了程序上和形式上的民主,公众参与评估及时对民主法治发表意见,但还远远不够。由于民主法治意识的薄弱,公众在评估中的实际参与热情是相当低迷的,问卷回收率仅30%,而即使是回收回来的问卷填答质量也是不理想的,如选择题填答得千篇一律、开放性问题的空置等。可见,民主的效力并没有得到有效发挥。与此同时,各委办局更是羞羞答答、小心翼翼地对外开放。面对这些问题,第三方评估机构仅从工具理性的角度进行修正,同样只是形式上和程序上的,若要触及地区法治的痛处却缺乏魄力和勇气,则无疑从侧面反映了当代知识分子正"逐渐丧失以往传统意义上的那种独立的、尖锐的、批判性的公共良知",因为他在担心"我要是评得太差,他们脸上也不好看,下回还会把课题给我们吗?"由此,在评估各方的共谋下出现了低度的批判,留面子的批判。

从这个角度来说,法治第三方评估各方主体必须勇于突破传统惯习，切实践行法治，真正由形式民主走向实质民主。政治精英在信息输出方面具有绝对的主动权和主导权，行政主体要逐渐突破传统观念的桎梏，主动向公众及第三方开放政府信息，与场域的其他成员理性沟通。而人大代表、政协委员、社区群众、企业负责人等主体，作为社会监督的中坚力量，要强化自己的权利意识，积极参与地区法治建设，共同建筑并维护第三方平台。然而，真正实现这些行为惯习的转变的还是人治思维向法治思维的转变，也就是说法治评估若要有效运行，发挥理想作用，必须建基于各主体对法治的信仰，即令"法治"成为场域所涉成员的"集体性执着的信念"。如此，才能令场域内的各大行动者"严肃认真地对待游戏，而自己的付出也物有所值"。但是信念的生成、传播有其自身的规律，我们需要认知此规律，并加以运用。即信念首创之后，往往并不是直接影响普通民众，而是通过影响一些能够影响普通民众并获得其支持的政治领袖，进而激发某一信念的广泛传播并深入人心，法治理念同样如此。且这个从"人治"到"法制"再到"法治"的转变并非一蹴而就的，"历史过程充满了艰辛"，且要成功引起各方对法治的重视、信仰与践行，还有很长一段路要走。但不管多难还得迎头而上，政治精英和知识分子需要在政治场域和社会场域发挥引领作用，而大众亦应当在宣传教育或主动学习中提升法治意识、内化法治理念，进而落实在具体行动中。

三、重新界定第三方评估机构的权限与职责

按合同要求，第三方评估机构需要完成委托方所设定的系统评估任务，一定意义上是全盘接手了Z区司法局对其他委办局的考核责任与工作压力。但是，事实是第三方评估机构并没有真正摆脱司法局"小马拉大车"的无力感，反而使自身陷入了一种权小于责的沉重感。对此我们必须意识到，尽管第三方法治评估有量化指标体系、动员社会成员广泛参与、开展问卷调查和座谈会、邀请专家对实践问题予以理论解读并给出政策意见等内部考评不可比拟的优势，但是

由于缺乏法制保障,第三方评估机构在面对权力部门时权威性不足的劣势也是明显存在的,对原场域的习性多有退让。可见,第三方评估并不能也不应当完全取代内部考核,后者不仅具有信息优势,在倒逼政府部门推动工作上也具有优势。比如,可以充分利用部门间的竞争意识提高其工作的积极性等。而且相较之下,内部考核权威性不足的状况更容易在体制内得到解决,比如将负责法治规划和考核的依法治区办调整到区委或人大。总而言之,把内部考核做扎实同样非常重要,而且第三方评估与内部考核的有效结合是符合现代社会功能分化的发展规律的。但是,第三方评估机构并不能也不应当全揽考核职责,而应当致力于构建并完善评估平台与评估技术,让更多的人有渠道有能力参与进来,实现其监督权与表达权,对问题的专业解读也要建立在民众充分表达的基础之上。此外,第三方评估机构必须充分利用自己的知识资本,对评估实践保持反思,并根据实践所需完善法治指数、调查问卷、调查方式等科学工具,从而有效化解来自各政府部门内部场域逻辑的压力,实现其应有的特殊贡献,这也有助于第三方评估拥有其独特的基础立场,并"在系统开放的同时有可能保持自我指涉的封闭"[①],有助于评估场域的成熟。

具体来说,一是要明确法治评估到底评估的是什么?就早期的评估形态来说,第三方评估更多是依据政府法治政策规划来设定,缺乏理论思考。这种方式更多停留在实务表层,鲜有长期的战略眼光。专业的法治第三方评估,还是需要根据评估对象的本质和原理来思考。笔者认为,法治第三方评估的对象是法律中实践中的运行状态和时间效果,而法律本身又具有事实性和规范性这样的双重特性,也就是说法治评估可依据法律的双重性而将评估面相设定为事实与规范两类。前者着重于法律呈现的社会事实是什么,后者着重于法律作为现代社会的重要整合工具是否以及是如何发挥其整合功能的。

---

① 卢曼.法社会学[M].宾凯,赵春燕,译.上海人民出版社,2013:425.

二是评估后期不仅要关注说了什么,还要分析其为什么这么说,如何凝结透析这些意义并令其发挥理想功能,从而真正实现大众评价和专业评价的双重合力。因为,法治评估是多主体依据一定的语言符号进行沟通并相互达成理解。在这一过程中,问卷调查对象、座谈会与会人员是依据其客观经验进行言说,而其所言说的内容是经过诠释、批判或重构的,是具有监督和批判价值的,因而才能形成影响或产生效果。

三是对科学主义的负面性时刻保持警惕。法治第三方评估的基本做法是将评估指标化,其背后是科学主义在主导。而这么多年,大家一直在追求指标的规范化,其实就是在坚持科学对认识的垄断。而形式化是科学化的必然结果,因此对法治第三方评估日渐形式化的反思必须回到评估科学性理念本身。科学在帮助我们简化事物复杂性、增强可控性的同时,也存在一定的负面后果,即"心灵的幻想化、智力的愚钝化以及创造力的衰落甚至消失"[1]。因此,仅仅依赖科学逻辑具有天然的缺陷,必须保持批判思维,结合交往逻辑重构法治第三方评估体系和方法。笔者认为,现在评估方法中的座谈会、深度访谈等方法的意义还未被真正认知并重视。作为对量化体系的补充,质性的资料获取方式并不是简单的辅助角色,而是令主体性充分释放的不可或缺的环节,是体现民主法治的关键要素之一。

四、遵循交往理性原则改进评估技术

评估方法的控制权掌握在第三方评估机构手中,第三方评估机构为了能够更为专业高效地评估,不断致力于评估方法的改善:一是不断拓展评价主体的具体类型,由一开始局限于人大代表和政协委员,逐渐增加社区民众,而后又邀请作为市场主体的企业管理人员;二是调查方法的调整,由一开始简单的问卷调查逐渐向问卷与座

---

[1] 曹卫东.曹卫东讲哈贝马斯[M].北京大学出版社,2005:14.

谈相结合转型,且一开始由居委会干部负责发放问卷,到选择自己直接向调查对象邮寄问卷,甚至动用评估负责人的个人人脉资源等。但是这些仅基于技术理性的改善是远远不够的,因为这些还只是停留在工具理性层面,评估过程需要多主体的配合,即是多主体交流互动的过程,主体间的关系与交往状态不是仅依靠技术工具的外在支撑便可以调整的,还需要关注主体的内在意愿,即能否遵守交往理性的原则。这不仅影响评估实施过程中的方法使用,也会影响评估指标体系的构建。

一是法治评估指标体系的构建。其实,法治评估指标体系作为法治量化评估的必备工具,从其诞生时便是实务界和学界共同关注并着力研究的对象。而在我国法治评估初期,指标体系的构建主要有三类模式可供选择:第一类是"拿来"模式,即直接移植国外法治评估指标。第二类是"本土"模式,即完全依据地区法治特色来设置指标。第三类是国内国外相结合的模式,即在借鉴国外先进经验的基础上,充分考虑地区特点而形成的兼具普遍性与特殊性的评估指标体系的构建模式。尽管第一种模式具有极大的便利性,但是容易出现"水土不服"的现象。而第二种模式虽然有可操作性优势,但容易使法治评估简化为绩效考核。因此,最理想的构建模式应当是符合法治一般规律同时又考虑地区特点的第三类综合构建模式。只是如何充分实现普遍性与特殊性的完美融合,在法治评估初期无论是实务界还是评估专家都没有清晰的答案,大家也都是在摸着石头过河,慢慢地从不成熟走向成熟、从模糊走向清晰。但是比较清晰的有两点:① 法治评估指标体系的构建不是以西方法治话语体系为唯一,不是以反映法治的民主价值为唯一,而是要立足于本土政情与社情,要以中国法治话语体系为基础。② 评估指标体系是政府系统、专家系统、社会公众等主体在评估实践中借以互动的技术基础,是各主体跳出原场域借以对地区法治建设状况进行系统审视的载体,因此评估指标体系能否为评估各方接受和理解应当是评估专家思考的重点。

二是信息获取方法。一般认为,信息的获取取决于评估指标体系的科学设定。其实不全然,评估指标体系的设定只是信息获取的技术核心,如何搭建一个完整的评估网络并准确使用这些指标体系亦是信息获取的关键步骤。首先要确定哪些类型的主体有权利进行地区法治状况的评价,其次要确定抽样方法,并实施抽样,继而才是运用评估指标体系获取评估信息。

而评估指标体系的使用方式大致有两类:一类是围绕指标体系设计评估问卷或评测量表并交由相关主体进行填答,得出量化数据;另一类是围绕指标体系设置访谈提纲并开展座谈会和深度访谈,得到质性材料。尽管使用方式的选择取决于评估机构,但使用效果还受制于其他参与主体。评估机构只是出具调查问卷,而问卷填答的质量更多的取决于调查对象,比如座谈会虽由评估机构主持,但座谈的效果有赖于与会人员的配合,再比如深度访谈是访谈者与被访者共同的产物。因此,评估信息的获取,评估机构与其他评价主体的互动成效,既与评估机构事前准备的充分性有关,也与评价主体在评估过程中的主观配合意图和客观配合程度息息相关。

三是信息处理方式。虽然评估结果的呈现形式无外乎一份评估报告,但是报告的具体框架和内容还可有诸多选择空间。典型代表有两类:一是以纯粹数字呈现的法治指数或数据报告,二是问题—对策式的报告文本。两者的基础都是评价主体通过不同渠道的信息反馈,但评估机构在评估前后都掌握着一定的能动性。比如权重设计、分值配比等统计规则的设定权掌握在第三方评估专家手中,而统计规则不同,计算出的数值也会不同。比如将零散化信息整合出重点,包括重点经验、重点问题,这既依赖于评价主体的评价与描述,但整合更取决于评估机构的专业敏感度。因此,评估报告是主客观结合的产物,评估信息以何种技术进行处理、以何种方式予以呈现亦是反思研究法治评估实践应当关注的。

此外，目前的法治评估基本都是对外开放的，由多元主体共同参与，在增强评估客观性和准确性的同时，也存在如何协调各方观点的挑战。即随着评价主体类型的扩展，不同标准和观念也随之介入进而影响评价结果。因此要真正实现降低评估单一主体偏差的目的，对信息进行有效处理应成为评估的关键。从多元主体所呈现的多种多样的信息内容来看，大致可以区分为一致性意见和差异性意见。一致性意见的整合较为简单，不同主体统一性的观点构成对某一类信息的强化。面对差异性意见，尤其是政府内部工作人员与外部评价者的差异，法治评估就要去分析哪一方所提供的信息才是真实的、客观的以及为何出现差异性评价。当然，能够进行差异性对比的前提是存在可比性，这又回到了指标设计、问卷设计之上。无论是具体的指标还是调查问题本就是基于同等的评估面相而发散出来的操作工具，所以进行差异性对比应该是存在实在基础的。真正降低单一评价主体偏见的是这些差异，因此评估应特别注意各类评价信息中的差异性意见。

五、突破接纳瓶颈构建系统的评估运行保障机制

因为评估结果本身并不会对被评估对象形成必然的约束力，若缺乏有效的接纳，评估便只是评估。评估报告若是被束之高阁，评估实效的发挥也就无从谈起。因此，评估接纳机制的建设相当关键，既要从思想认识上对评估结果予以高度重视，也需要细化操作措施、落实具体行动。比如建立第三方评估通报制度，在一个部门或单位范围内，由干部和群众的代表共同参加，比如工会、职工代表大会或中层干部扩大会的范围内举行，其目的是在一个开放系统内验证评估报告的真实性，对不真实之处予以修正，切实反映相关利益主体的心声。比如提升评估结果运用的权力层级，自上而下地推动评估结果与问责机制、干部考核进行直接挂钩的改革。比如设置专项且有权威的渠道来研究、落实评估报告的政策建议。比如把评估结果公布

于社会，真正做到保障社会公众的知情权，不仅有利于树立行政机构、权力机构的良好形象，增加社会公众对其的信任感，同时也有利于其在社会公众的监督下不断地完善各方面的工作。总而言之，要通过有效接纳让评估不仅是一种衡量工具，更是政府战略治理的工具①。但是，除了接纳机制以外，法治第三方评估还需要更为系统的保障机制。

一是信息公开机制。法治评估指标体系从其实质来说是一项技术工具，其从静态走向动态的过程就是运用评估方法收集数据的过程，而没有现实数据/材料支撑的评估指标即使理论架构再完美，也不具有使用价值。因此，法治评估指标体系的运行需要信息公开机制的支撑，即要打破部门信息壁垒，共享法律制度在各环节实施状况的信息。

二是主体间沟通机制。法律制度实施效果评估体系涉及多个部门、多类主体，因此评估体系的落实更是需要不同部门、不同主体的共同配合。而共享基础信息只是第一步，更多有关地区法治的信息和评价是需要通过问卷、访谈等方法进行获取的，这便离不开主体间畅通的沟通机制，主要是指评估执行方与评价主体间的沟通理解与信息互换。

三是专家研讨机制。专家系统是评估体系中不可或缺的一类评价主体，其主要作用在于"假如公开讨论的话语还差强人意，知识分子就应该对它加以改进，提高话语的水平"②。一般来说，社会评价主体对法治第三方评估的关注主要在于是否有助于解决实际问题、推动具体工作等微观层面，而专家研讨机制的设置一是能够将评估在具体领域向纵深推进，透视问题背后的成因，提升评估的理论力度；二是能够从宏观视角对法律制度实施效果进行价值把握，并从长远

---

① 颜昌武.第三方评估不能仅是一种衡量工具[J].党政视野，2016(1).
② 哈贝马斯.公共空间与政治公共领域：我的两个思想主题的生活历史根源[J].符佳佳，译.哲学动态，2009(6).

规划的角度提出对策建议。

四是评估反馈机制。尽管法治评估在我国推进已有近十年时间,但是依旧处于初级阶段,处于不断探索完善的阶段。评估参与方在参与评估后都会有自己的心得体会,这是完善法治第三方评估机制的重要意见来源。因此,评估执行方应当设置事后的评估反馈机制,开放对评估体系及评估过程的反思通道,这将有助于法治第三方评估的完善,亦有助于评估参与主体对评估体系的认知和理解,有助于评估工作的持续推进。

届时,场域成员能够对第三方评估的各项规则形成共识并严格执行,如政府完善信息公开制度定期发布法治信息,公众能够有顺畅的监督渠道与意见表达平台,第三方评估机构能够依据社会大众所充分表达的意见予以专业监督,人大监督、政协监督、社会监督、专业监督等的意见能够被有效接纳并对政府法治工作的改善起到实际效果。

第八章 结 语

　　法治第三方评估，尽管只是政府众多治理体制中的一只"小麻雀"，但是正所谓"麻雀虽小，五脏俱全"。因此，本研究表面是在回顾这只小麻雀的初期成长之路，其实质是对中国民主法治发展阶段性缩影的系统反思，因为在法治第三方评估这一初具规模的公共空间内，已基本动员并汇聚齐了中国民主法治进程中不可或缺的三类系统，即政府系统、社会系统、专家系统。而且，法治第三方评估从其外在形式上来看，已经形成了一个相对稳定的公共空间，即新兴的法治第三方评估场域。法治第三方评估实践即是该场域的产物，而该场域的实践逻辑由两个要素决定，即特定的权力关系和评估运作的内在逻辑。特定的权力关系提供了评估结构并安排了藏于内的竞争性斗争或冲突，即场域成员间互动博弈乃至冲突的根源都在于主体间权力关系，而权力来源于其所拥有的资本形式与资本量。而评估运作的内在逻辑则是约束着评估行动的范围，并限制着评估困境的解决办法。因此进入该场域后，每个系统的不同主体都或多或少地受该场域规则的约束，能够基本完成第三方评估的要求和任务。但由于该场域仍出于初期新生阶段，因此不同主体又在一定程度上可以超脱该场域所设想但并不具有强制性的规则。

　　首先，司法局作为Z区依法治区第三方评估的委托方，是政府系统的代表。从敲定法治第三方评估决策，到法治第三方评估进入操

第八章 结 语

作阶段、法治第三方评估结果的验定,再到法治第三方评估机制的持续运作,均离不开司法局领导及依法治区办具体工作人员的连年推动。当然司法局主推第三方评估,从其体制运作来说有自己的原因,尤其是在主导地区法治建设中的"小马拉大车"的吃力感;也有借第三方评估机构之手呈现自己业绩的"小九九",所以才有"我们的很多工作都没有写进报告里,还是我们自己补进去了"的抱怨和动作。但是,法治第三方评估一旦"开弓",便没了"回头箭",司法局在政府系统内部起到了链接领导班子和其他委办局的中间角色,为法治第三方评估的启动和持续起到了不可缺少的助推作用。此外,其他委办局作为被评估对象,尽管在法治第三方评估场域中的决策处于后台,但作为本领域法治信息的控制者,他们却是评估场域的隐形主导者,因为政府法治信息公开的程度依旧不理想。但是,这一点已然被注重指标构建与外部评估的第三方评估机构所忽视了。不过,由于每个部门都设有依法治区联络员,因此,司法局与其他委办局的联系纽带是存在的,第三方评估机构与被评估单位间也就有了体制化的通道。只是这个通道需要特意维护,而且在评估过程中也未充分利用。

其次,对作为专家系统的第三方评估机构来说,已经越来越清醒地认识到"评估的绝对自主性"是一种幻想,这是评估初期的一种误识。随着评估真实逻辑的展现,这种幻想应当被打破,第三方评估机构在法治评估中只是相对自主的。因为,尽管第三方评估机构有专业技术和理论储备为其奠定基本的评估资格能力,但是这一能力的发挥效果会受制于评估场域的其他成员。也即是布迪厄所说的技术性的资格能力"不可避免地是社会性的"[①]。第三方评估模式一方面要得到场域其他成员的理解和认可,另一方面要得到其配合,而这种配合还需要法治意识、政治感等参与能力的支撑。因此,在沟通过程中,尤其是第三方评估机构与信息提供者间的沟通是评估信息整合

---

① 布迪厄.法律的力量:迈向司法场域的社会学[J].北大法律评论,1999(2).

的关键。而整合的基础是调查问卷和访谈提纲,因此作为向社会评价主体解释第三方评估的言说者,第三方评估机构必须重视其向社会评价主体所提交的"话语",包括其命题内容和语内力量。但是,从第三方评估机构对Z区法治第三方评估的操作来看,其对命题内容的重视是足够的,因此在完善问卷结构、设计恰当的访谈提纲上做了很多努力,但是对"语内力量"[1]的意识并不充分。当第三方评估机构向被评估单位或社会主体抛出指标体系以及调查问卷等信息收集工具时,这些工具对它的接收者所产生的影响力并非天然的,而是需要遵循一定的规律的。这其中最重要的就是要能够令对方理解并遵守双方的交往和模式。只有如此,评估语言的言说才能真正得以落实。因此,法治第三方评估的根本推动力并不来自暴力和强制,而是彼此间基于理解和资本相对均衡的交往共识。当然,重视交往互动并不意味着就要忽视评估体系的理性构建。因为法治评估体系,包括评估指标、评估规则、评估程序,作为评估场域中重要的语言,依旧是第三方评估实践真正实现自主性的技术核心,是评估理性化运作的标志。只是要避免简单的意识形态的左右,秉持其自主性和中立性。同时要演绎出一套符合我国民主法治实践的基本逻辑且内部连贯一致的规则体系,从而有力量调和不同位置主体的不同态度,并将其团结起来相互支撑。

尽管作为委托方,政府部门对评估的期望并非那么纯粹,但毕竟已经借专家系统之力架设了一个法治意见交流的公共平台。这个平台为社会系统公众意见的表达打开了民主通道,也为专家系统对公众意见的收集提供了可予以操作的空间。也即是说,法治第三方评估就其本质来说是一种监督,而正如吉登斯所描述的"监督是间接的,并且是建立在信息控制的基础之上的"[2],法治第三方评估之所呈

---

[1] 麦卡锡.哈贝马斯的批判理论[M].华东师范大学出版社,2010:344.
[2] 吉登斯.现代性的后果[M].田禾,译.译林出版社,2011:51.

现乏力的状况,就在于基础不牢。无论是委托方司法局还是各类评价主体抑或是第三方评估机构对地区法治信息的控制都不充分,而第三方评估平台的构建就是要通过多元主体的互动沟通以突破信息匮乏的桎梏。只是这个理想目标的实现之路并不平坦,因为主体叙述方式存在其固有的局限性,即霸权主义逻辑导致的不同话语中心之间的排斥性竞争或封闭的自说自话,因此第三方评估也有演化成"在适当的场合将'主体'玩弄一番或让'主体'在现场表演一番,然后将其关进笼子里"①,从而令第三方评估平台成为一架制造出色彩斑斓的迷人气泡的话语空转的机器。因此,作为专家系统的第三方评估机构必须对此保持高度警惕,从而真正改变评价主体的屈从地位。只有当社会评价主体能够对自己的权利和责任有充分的自觉之后,民主法治才能真正从形式设置向实质功能推进。

而作为法治第三方评估最重要的参与者,评估主体在评估过程中所呈现出来的评议能力和评议意愿的不足,既有内因也有外因。若一味地归因于个体因素,容易令真正的责任人推卸责任。戴雪曾说过"环境是公共舆论的根源"②,虽不至于盲目信仰这一论断,但至少要重视环境因素。公众需要凭借其日常积累的信息才能作出准确有度的评价,若信息公开的环境是不良的,那么政治参与意识再强的人恐怕还是"巧妇难为无米之炊"。因此,一直以来所倡导的政府信息公开制度建设的意义绝不只是简单地提高政府透明度、保障公民的知情权、防止公权力滥用,更是为形成良好的公共舆论空间保驾护航。

此外,要突破法治评估的困境还需要清醒地对法治第三方评估的符号秩序和评估场域内客观关系产生的秩序进行明确的区分,并在实践中将两者进行趋同。所谓第三方评估的符号秩序,就是理想

---

① 王晴锋.反思社会研究中作为方法的深度访谈[J].云南社会科学,2014(1).
② 戴雪.公共舆论的力量:19世纪英国的法律与公共舆论[M].戴鹏飞,译.上海人民出版社,2014:59.

评估所应有的客观性、中立性、公正性,其核心是通过公民权利对公权力的监督、规范、制约所实现的民主法治发展。而且一开始,第三方评估机构也是按着这套理论或理念去进行评估设计的。但是,评估实践的真实逻辑却向第三方评估提出各项挑战,形成妥协的、形式化的评估过程以及低度批判的评估内容。而这一现实是评估场域的客观关系所产生的秩序的结果,场域成员间存在着或直接或间接、或有意或无意的竞争和对抗。当然这些竞争或冲突并非完全负面的,而是可以具有正功能的,即通过持续的理性化的讨论,场域成员间的分工日益明确,既参与塑造法治评估实践的技术逻辑,又参与法治评估实践的价值逻辑,即提升我国民主法治进程的质量。

因此,尽管法治第三方评估在其初期发展阶段尚未摆脱"绣花枕头"的质疑,但是我们将相信,经过一点一点地努力,其终将赢得各方认可,并获得法律地位。因为不同于内部评估、上级对下级的考核,不同于政府绩效的考核,法治第三方评估还是有其合法性和有效性基础的,只是这一点有待系统论证。而且作为民主法治大趋势中的一员,法治第三方评估场域作为一种另类的公共领域有其存在的意义,不过积极意义的发挥需要建基于其准确的自我定位,从而与绩效考核、单项问题评估形成一个良好的互补关系,才能将其从目前"倾向保守"的力量向理想的"支持革新"的力量转型。

此外,通过法治第三方评估初期的形式化困境的个案也将告诫所有参与者,仅仅通过科学的力量就想赢得多方主体对民主法治理念的信服是种幻想。"信仰或更准确地说诚实的信仰在很大程度上不是论证的结果,甚至也不是自利的结果,而是环境的结果"①。因此,公共舆论的不充分、评估主体的低度参与等都是民主法治环境不成熟的表现。而环境的提升不仅需要制度本身配套机制的完善,更

---

① 戴雪.公共舆论的力量:19世纪英国的法律与公共舆论[M].戴鹏飞,译.上海人民出版社,2014:59.

需要法治评估参与者将民主精神、法治思维、政治参与意识内化,并以主体间理性沟通实践之。

而通过法治第三方评估形式化困境的剖析,最终落脚的是场域自主性这一理论议题,布迪厄认为场域的规则越明确,则这个场域的自主性越强。但是如何定义并构建这个规则,并没有通行做法,场域与场域间的差别极大。朱国华借助布迪厄的场域理论,将真理的逻辑作为学术场域存在的根据,这是符合学术场域的特点的,也是为广大学者所接受的。因此,当高校科研机构作为第三方评估机构介入法治第三方评估时,也是本着这样一种意识,在评估实践及后续研究中不断完善评估的指标体系,评估的规则、评估的主体、评估的方法等,以提升评估机构的硬实力。但是,Z区的法治第三方评估以及余杭的法治指数报告均显示了通过技术的改善所获得的自主性是有限的。但这并不是要说明技术理性的失败,而是要证明其局限性,从而更多地将注意力放诸主体间的沟通交流,将视野放大到"公共自主"。这不由得令人联想到哈贝马斯的理性观,即交往理性的重要性。而如何在法治第三方评估中实现交往理性并通过真诚、真实的沟通提高评估的质量,真正实现评估场域的自主性和独立性,则是本研究未尽之事。

附录一 访谈计划及提纲

访谈对象分类	访谈主题（法治评估）	具体人员	具 体 问 题
评估委托方	1. 决策过程 2. 执行过程 3. 接纳过程	1. 依法治区办领导 2. 具体事务的负责人	1. 依法治区办何以安排在司法局而不是其他部门？ 2. 您对本市（区）法治建设的总体评价或信心如何？ 3. 当初是如何决定开展法治评估这项决策的？即是哪些原因促动了依法治区办进行法治评估的决策的？ 4. 决策过程的具体情况如何？ 5. 作为考核绩效的主管部门，司法局如何评价各部门例行的年度总结报告？是否也存在信息不对称的问题，评估是否是想要在一定程度上解决信息不对称的问题？ 6. 决策之初，对由第三方进行的法治评估有着怎样的预期？ 7. 作为评估委托方，您依据怎样的专业要求或标准来选定第三方评估机构？ 8. 第三方的评估实践是否实现了委托方对法治评估的基本预期？如果没有，预期与现实存在哪些差距？ 9. 外部评估的结果或建议如何有效对接政府内部的工作系统？是否有经验总结？

续 表

访谈对象分类	访谈主题（法治评估）	具体人员	具 体 问 题
			10. 法治评估为本市(区)的法治建设带来了哪些积极效应？有无消极面？ 11. 您最初是如何看待法治评估的,现在又是如何看待的？有没有不同,如有,是什么引起了看法的不同？ 12. 延续或说长期坚持第三方评估机制的原因和动力何在？ 13. 您如何评价我区与其他地区法治评估的异同？
第三方评估机构	执行过程接纳过程	评估负责人	1. 评估委托方对第三方提出了怎样的工作要求？（司法局）又调动了哪些资源来支持第三方的评估工作？ 2. 各部门配合第三方评估的积极性如何？这对法治评估的效力产生了怎样的影响？ 3. 如何评价您所主持的评估工作的广度和深度？如何取得两者间的平衡？ 4. 如何评价自身的评估工作？ 5. 如何评价委托方对评估工作的评价？ 6. 如何评价评估结果对政府部门工作的影响？
评估参与方	执行过程	社会评价主体	1. 您如何评价自身的法治意识？ 2. 您如何理解自己参与法治建设的权利和义务？ 3. 对党政部门现有监督体系或机制,您作何评价？ 4. 您对党政信息的公开作何评价？或者说您觉得信息公开的力度能否有助于您充分参与党政部门的法治建设,尤其是对他们工作进行监督？ 5. 您认为通过第三方表达意见与直接面对相关部门有何不同？ 6. 您对由第三方开展的法治评估工作有何看法？

续 表

访谈对象分类	访谈主题（法治评估）	具体人员	具体问题
相关专家	中国的法治现状及其评估实践	法学理论专家	1. 您认为当下开展法治评估的基础条件有哪些？是否满足全面推开的要求？ 2. 您如何评价当前法治评估的效力？ 3. 您如何看待理论界对法治实践需求的回应？
	第三方评估机制	第三方评估专家	1. 请问您觉得第三方评估的优势有哪些？ 2. 请问您觉得第三方评估的困境有哪些？ 3. 您对专业知识通过第三方评估机制这一渠道进入并影响体制系统作何评价？

附录二 接受访谈者基本情况一览表

序号	姓名	性别	单位/居住地	职 务
1	J某	女	Z区L街道司法所	所长（原Z区依法治区办科长）
2	X某	女	Z区司法局	Z区依法治区办科长
3	T某	女	H市行政法制研究所	研究员
4	B某	男	H市依法治市办	科长
5	Y某	男	L大学	法律社会学研究中心主任
6	L某	男	J大学	法学院教授
7	Q某	男	Z区E小区	无
8	C某	女	Z区R村	无
9	Z某	女	Z区S公司	人大代表
10	K某	男	Z区Y公司	政协委员

参考文献

一、著作

[1] Fligstein, *Neil and Doug McAdam. A theory of fields*[M]. Oxford University Press, 2012.

[2] (英) 戴雪. 公共舆论的力量：19世纪英国的法律与公共舆论[M]. 戴鹏飞, 译. 上海人民出版社, 2014.

[3] (美) 戴维·斯沃茨. 文化与权力：布尔迪厄的社会学[M]. 陶东风, 译. 上海译文出版社, 2012.

[4] (法) 皮埃尔·布迪厄, (美) 华康德. 实践与反思：反思社会学导引[M]. 李猛, 李康, 译. 中央编译出版社, 2004.

[5] (法) 皮埃尔·布迪厄. 实践感[M]. 蒋梓骅, 译. 译林出版社, 2006.

[6] (法) 皮埃尔·布迪厄. 文化资本与社会炼金术[M]. 包亚明, 译. 上海人民出版社, 1997.

[7] (法) 皮埃尔·布迪厄. 言语意味着什么：语言交换的经济[M]. 褚思真, 刘晖, 译. 商务印书馆, 2005.

[8] (法) 皮埃尔·布迪厄. 科学的社会用途：写给科学场的临床社会学[M]. 刘成富, 张艳, 译. 南京大学出版社, 2005.

[9] (法) 皮埃尔·布迪厄. 科学之科学与反观性：法兰西学院专题讲座 (2000—2001学年)[M]. 广西师范大学出版社, 2006.

[10] (法) 皮埃尔·布迪厄. 实践理性：关于行为理论[M]. 谭立德, 译. 生活·读书·新知三联书店, 2007.

[11] (法) 费埃德伯格. 权力与规则：组织行动的动力[M]. 张月, 等译. 上海人民出版社, 2008.

[12] (德) 哈贝马斯. 在事实与规范之间：关于法律和民主治国的商谈理论[M]. 童世骏, 译. 生活·读书·新知三联书店, 2003.

[13] (德) 尼克拉斯·卢曼. 法社会学[M]. 宾凯, 赵春燕, 译. 上海人民出版

社,2013.
- [14] (美)卡罗尔·佩特曼. 参与和民主理论[M]. 陈尧,译. 上海人民出版社,2006.
- [15] (美)唐(Tang,W. F.). 中国民意与公民社会[M]. 胡赣栋,张东锋,译. 中山大学出版社,2008
- [16] (美)詹姆斯·J. 赫克曼,罗伯特·L. 尼尔森,李·卡巴廷根. 全球视野下的法治[M]. 高鸿钧,鲁楠,等译. 清华大学出版社,2014.
- [17] (英)安东尼·吉登斯. 现代性的后果[M]. 田禾,译. 译林出版社,2011.
- [18] (俄)伊·亚·伊林. 法律意识的实质[M]. 徐晓青,译. 清华大学出版社,2005.
- [19] (美)托马斯·麦卡锡. 哈贝马斯的批判理论[M]. 王江涛,译. 华东师范大学出版社,2010.
- [20] 曹卫东. 曹卫东讲哈贝马斯[M]. 北京大学出版社,2005.
- [21] 风笑天. 社会学研究方法[M]. 高等教育出版社,2006.
- [22] 刘拥华. 布迪厄的"终生问题"[M]. 上海三联书店,2008.
- [23] 刘森林. 实践的逻辑[M]. 社会科学文献出版社,2009.
- [24] 高宣扬. 布迪厄的社会理论[M]. 同济大学出版社,2004.
- [25] 宫留记. 布迪厄的社会实践理论[M]. 河南大学出版社,2009.
- [26] 宫留记. 资本:社会实践工具[M]. 河南大学出版社,2010.
- [27] 马长山. 法治的社会根基[M]. 中国社会科学出版社,2002.
- [28] 钱弘道,等. 法治评估的实验:余杭案例[M]. 法律出版社,2013.
- [29] 钱弘道. 中国法治指数报告(2007—2011年):余杭的实验[M]. 中国社会科学出版社,2012.
- [30] 佟德志. 在民主与法治之间[M]. 人民出版社,2006.
- [31] 汪全胜. 法律绩效评估机制论[M]. 北京大学出版社,2010.
- [32] 汪全胜. 立法后评估研究[M]. 北京大学出版社,2010.
- [33] 俞可平. 民主是个好东西[M]. 社会科学文献出版社,2006.
- [34] 俞可平. 国家治理评估:中国与世界[M]. 中央编译出版社,2009.
- [35] 郑杭生,李强,李路路. 社会指标理论研究[M]. 中国人民大学出版社,1989.
- [36] 周雪光. 组织社会学十讲[M]. 社会科学文献出版社,2012.

二、学位论文

- [1] 王璐. 论法治评估及其中国实践[D]. 辽宁大学,2014.
- [2] 杨东鹤. 地方法治指数及其实现:基于威海市的个案分析[D]. 山东大

学,2013.
［3］李壮.法治指标体系构建的法理思考[D].云南大学,2012.
［4］孙梦娇."法治指数"的法理分析[D].河南大学,2015.
［5］谷小娟.法治建设量化评估研究[D].华东政法大学,2011.
［6］林辉煌.法治的权力网络：林乡派出所的警务改革与社会控制(2003—2012)[D].华中科技大学,2013.

三、期刊论文

［1］A. Santos, "The World Bank Uses of the 'Rule of Law' Promises in Economic Development", in D. M. Trubek and A. Santos(eds). The New Law and Economic Development: A Critical Appraisal, p. 256—266.

［2］B Weingast. Political Foundations of the Democracy and the Rule of Law [J]. American Political Science Review,1997,91(2): 245—263.

［3］D. Trubek, "Max Weber on Law and the Rise of Capitalism", Wisconsin Law Review, 720(1972).

［4］David M. Trubek, "The 'Rule of Law' in Development Assistance: Past, Present and Future", p. 82.

［5］D Zhang. Practice Reflection and Theoretical Construction of Rule of Law Evaluation[J]. Law Review, 2016.

［6］H Hartnell. Assessing the Assessors: The World Justice Project's. https://isaconf.confex.com/isaconf/forum2016/webprogram/Paper75515.html.

［7］HE Zhi-Qiang, FM Qiu, SO Law. Domestic Evaluation Index System of the Rule of Law: the Status Quo and the Evaluation[J]. Journal of South China University of Technology, 2016.

［8］J Chen. China's Long March toward Rule of Law[J]. China Journal, 2003, 59(50): págs. 1047-1049.

［9］J Denkova. World Justice Project Rule of Law Index® 2015. http://eprints.ugd.edu.mk/13736.

［10］J. H. Merryman, "Law and Social Change: On the Origins, Style, Decline & Revival of the Law and Development", 25/3 American Journal of Comparative Law, 457—491(1977).

［11］K. A. Davis and M. J. Trebilcock, "The Relationship between Law and Development: Optimists versus Skeptics", 56/4 American Journal of Comparative, 895—946(2008).

[12] L. Friedman, "Legal Culture and Social Development", 4 Law & Society Review, 29(1969); D. Trubek, "Toward a Social Theory of Law: An Essay on the Study of Law and Development", 82 Yale Law Journal, 1 (1972).

[13] M Hjelm, øivind Bergh, A Riaza, J Nielsen, J Melchiorsen, etc. "Commentary on the Shenzhen Municipal Government's Proposal for the Evaluation of Progress towards the Rule of Law" (in Chinese) http://eprints.gla.ac.uk/11998/.

[14] M Downs, R Stoffle, RJ Burdge, S Charnley, K Finsterbusch, etc. Principles and guidelines for social impact assessment in the USA : The Interorganizational Committee on Principles and Guidelines for Social Impact Assessment[J]. Impact Assessment & Project Appraisal, 2003, 21(3): 231—250.

[15] M. J. Kunz and A. Schrank, "Growth and Governance: Models, Measures and Mechanisms", 538—554.

[16] Ponce, Alejandro, Botero, J Carlos. The World Justice Project: rule of law index 2014. http://eprints.ugd.edu.mk/id/eprint/13411.

[17] Strban, Grega. The world justice project rule of law index: 2012–2013. http://repozitorij.uni-lj.si/IzpisGradiva.php?id=17535&lang=slv.

[18] T Meng. Research on the Evaluation of Supervision System of Rule of Law in China[J]. Journal of Macro-quality Research, 2016.

[19] Tor Krever, "Quantifying Rule of Law: Legal Indicator Projects and the Reproduction of Neoliberal common sense", 34/1 The Third World Quarterly, 131–150(2013).

[20] T. M. Frank: "The New Development: Can American Law and Legal Institutions Help Developing Countries?", Wisconsin Law Review, 767—801(1972).

[21] Zitang, Zhang, Shangen. Rule of Law Construction and Assessment at the Local Level[J]. Social Sciences in China, 2016, 37(1): 93—112.

[22] Zapf, Wolfgang, Social Indicators Newsletter, Social Science Research Council, No. 10(Nov. 1976).

[23] (法)布迪厄. 法律的力量：迈向司法场域的社会学[J]. 强世功,译. 北大法律评论,1999(2).

[24] (德) M. 海德格尔. 形式化和形式显示[J]. 欧东明,译. 世界哲学,2002(2).

[25] 包万超. 论法治政府的标准及其评估体系[J]. 湖南社会科学,2013(2).

[26] 车震,王岩.政府绩效评估的价值反思[J].科技信息(学术版),2007(32).
[27] 城市法治环境研究评价课题组.试论法治及法治环境的内涵[J].中国人民公安大学学报(社会科学版),2002(5).
[28] 城市法治环境研究评价课题组.城市法治环境评价体系与方法研究初探:城市现代化评价标准之系列研究[J].中国人民公安大学学报(社会科学版),2001(5).
[29] 城市法治环境评价体系与方法研究课题组.构建城市法治环境评价指标体系的设想[J].中国人民公安大学学报(社会科学版),2002(5).
[30] 蔡新燕.我国地方政府开展绩效评估的动因分析[J].大连干部学刊,2011(3).
[31] 段红梅.我国政府绩效第三方评估的研究[J].河南师范大学学报(哲学社会科学版),2009(6).
[32] 戴耀廷.香港的法治指数[J].环球法律评论,2007(6).
[33] 冯家亮.法治建设指标体系的建构路径[J].湖南大学学报(社会科学版),2014(4).
[34] 范思颖.公众参与地方政府绩效评估存在的问题与对策[J].天水行政学院学报,2009(3).
[35] 郭渐强,田园.公众参与政府绩效评估的障碍与克服途径[J].求索,2010(1).
[36] 郭馨天.自主性的降低:吉登斯和鲍曼对现代性的微观分析[J].社会,2004(4).
[37] 哈贝马斯,符佳佳.公共空间与政治公共领域:我的两个思想主题的生活历史根源[J].哲学动态,2009(6).
[38] 胡虎林.法治指数量化评估的探索与思考:以杭州市余杭区为例[J].法治研究,2012(10).
[39] 黄良进,曹立锋.英国政府绩效评估法治化历程对我国的启示[J].福建论坛(人文社会科学版),2008(11).
[40] 黄良进,肖松.美国政府绩效评估法治化:历程、特点与启示[J].学术界,2009(3).
[41] 侯学宾,姚建宗.中国法治指数设计的思想维度[J].法律科学:西北政法大学学报,2013(5).
[42] 侯振宇,张佟鑫.对当前法治评估的问题与转型[J].法制与社会,2016(5).
[43] 金善达.法治指数评估的制度建设路径研究:基于系统论的分析视角[J].上海政法学院学报,2014(5).
[44] 李朝,王华菊.中国法治评估指标体系的价值基准[J].中国社会科学院研

究生院学报,2014(6).

[45] 李锦.中国式法治指数若干问题的思考[J].湘潭大学学报(哲学社会科学版),2014(3).

[46] 李蕾.法治的量化分析:法治指数衡量体系全球经验与中国应用[J].时代法学,2012(2).

[47] 李龙,罗丽华.法治的生活之维:走向"生活世界"的中国法治导论[J].法制与社会发展,2009(1).

[48] 李彦锋.我国政府绩效评估的文化视角分析[J].甘肃农业,2005(11).

[49] 陆明远.政府绩效评估中的第三方参与问题研究[J].生产力研究,2008(15).

[50] 林鸿潮.第三方评估政府法治绩效的优势、难点与实现途径:以对社会矛盾化解和行政纠纷解决的评估为例[J].中国政法大学学报,2014(4).

[51] 鲁楠:匿名的商人法:全球化时代法律移植的新动向[C]//高鸿钧.清华法治论衡(第14辑).清华大学出版社,2011:171—176.

[52] 鲁楠.世界法治指数的缘起与流变[J].环球法律评论,2014(4).

[53] 孟涛.论法治评估的三种类型:法治评估的一个比较视角[J].法学家,2015(3).

[54] 孟涛.法治指数的建构逻辑:世界法治指数分析及其借鉴[J].江苏行政学院学报,2015(1).

[55] 莫于川.法治国家、法治政府、法治社会一体建设的标准问题研究:兼论我国法制良善化、精细化发展的时代任务[J].中国检察官,2013(17).

[56] 彭宗超,李贺楼.社会指标运动源起、评价及启示[J].南京社会科学,2013(6).

[57] 彭友钧.皮埃尔·布迪厄:《科学的科学及其自反性》[J].中国学术,2004(1).

[58] 毛益民.制度逻辑冲突:场域约束与管理实践[J].广东社会科学,2014(6).

[59] 钱弘道.余杭法治指数的实验[J].中国司法,2008(9).

[60] 钱弘道,杜维超.法治评估模式辨异[J].法学研究,2015(6).

[61] 钱弘道,弋含锋,王朝霞,等.法治评估及其中国应用[J].中国社会科学,2012(4).

[62] 屈茂辉,匡凯.社会指标运动中法治评价的演进[J].环球法律评论,2013(3).

[63] 石冰心.此"法治"非彼"法治":兼论香港的法治水平[J].人大法律评论,2012(2).

[64] 石国亮.慈善组织公信力重塑过程中第三方评估机制研究[J].中国行政管

理,2012(9).

[65] 苏力. 变法,法治建设及其本土资源[J]. 中外法学,1995(5).

[66] 孙笑侠,应永宏. 程序与法律形式化:兼论现代法律程序的特征与要素[J]. 现代法学,2002(1).

[67] 沈宗灵. 法律社会学的几个基本理论问题[J]. 法学杂志,1988(1).

[68] 王朝霞. 法治评估与法治创新:基于浙江余杭实践的讨论[J]. 广西民族大学学报(哲学社会科学版),2013(4).

[69] 王军. 治理视野下的我国政府绩效评估法治化研究[J]. 行政与法,2008(9).

[70] 王晴锋. 反思社会研究中作为方法的深度访谈[J]. 云南社会科学,2014(1).

[71] 汪全胜. 法治评估主体的模式探析[J]. 法治研究,2015(2).

[72] 汪全胜. 法治指数的中国引入:问题及可能进路[J]. 政治与法律,2015(5).

[73] 许娟. 法律何以能被信仰?:兼与法律信仰不可能论者商榷[J]. 法律科学(西北政法大学学报),2009(5).

[74] 徐汉明. 论法治建设指标体系的特性与功能[J]. 法学评论,2016(1).

[75] 徐汉明,林必恒,张孜仪. 论法治建设指标体系和考核标准的科学构建[J]. 法制与社会发展,2014(1).

[76] 徐汉明. 论法治建设指标体系的特性与功能[J]. 法学评论,2016(1).

[77] 徐双敏. 政府绩效管理中的"第三方评估"模式及其完善[J]. 中国行政管理,2011(1).

[78] 薛晓源,曹荣湘. 文化资本、文化产品与文化制度:布迪厄之后的文化资本理论[J]. 马克思主义与现实,2004(1).

[79] 徐贲. 布迪厄论知识场域和知识分子[J]. 二十一世纪,2002(2).

[80] 叶荣,易丽丽. 科层制下组织成员的参与自主性:困境与超越[J]. 中国行政管理,2006(3).

[81] 肖扬. 当代法律制度[J]. 法学家,1999(6).

[82] 颜昌武. 第三方评估不能仅是一种衡量工具[J]. 党政视野,2016(1).

[83] 尹奎杰. 法治评估指标体系的"能"与"不能":对法治概念和地方法治评估体系的理论反思[J]. 长白学刊,2014(2).

[84] 于建嵘. 当前农民维权活动的一个解释框架[J]. 社会学研究,2004(2).

[85] 尤建新,邵鲁宁,杨森. 公众满意理念及公众满意度评价[J]. 上海管理科学,2004(2).

[86] 杨瑞. 论第三方评估在我国政府绩效评估中的实施:以吉林省政风行风评议为例[J]. 管理观察,2011(14).

[87] 杨小军,宋心然,范晓东.法治政府指标体系建设的理论思考[J].国家行政学院学报,2014(1).

[88] 杨雪冬.压力型体制:一个概念的简明史[J].社会科学,2012(1).

[89] 杨维立.用法治指数提升法治建设"短板"[J].公民与法治,2008(12).

[90] 俞伟飞.法治指数中国化应用的探索与思考[J].成都行政学院学报,2013(6).

[91] 赵贝贝.政府绩效评估立法启示录:世界发达国家政府绩效评估法制化经验及评析[J].人力资源,2007(3).

[92] 张保生,郑飞.世界法治指数对中国法治评估的借鉴意义[J].法制与社会发展,2013(6).

[93] 张广利.关于布迪厄反思性的几个问题[J].湖南大学学报(社会科学版),2000(3).

[94] 张德淼.法治评估的实践反思与理论建构:以中国法治评估指标体系的本土化建设为进路[J].法学评论,2016(1).

[95] 张德淼,康兰平.地方法治指数的理论维度及实践走向[J].理论与改革,2014(6).

[96] 张德淼,李朝.中国法治评估指标体系的生成与演进逻辑:从法治概念到评测指标的过程性解释[J].理论与改革,2015(2).

[97] 张康之.以德治国:对合法性的超越[J].首都师范大学学报(社会科学版),2002(2).

[98] 张建.法治评估的地方实践:动因、问题及反思[J].云南师范大学学报(哲学社会科学版),2016(1).

[99] 朱国华.场域与实践:略论布迪厄的主要概念工具[J].东南大学学报(社会科学版),2004,6(1).

[100] 占红沣,李蕾.初论构建中国的民主、法治指数[J].法律科学(西北政法大学学报),2010(2).

[101] 浙江省杭州市余杭区依普办.杭州市余杭区探索建立法治建设量化评估体系 开创全国地方法治建设先河[J].中国司法,2008(1).

[102] 周尚君.可量化的正义:地方法治指数评估体系研究报告[J].法学评论,2014(2).

[103] 朱景文.论法治评估的类型化[J].中国社会科学,2015(7).

[104] 朱景文.中国特色社会主义法律体系:结构、特色和趋势[J].中国社会科学,2011(3).

[105] 朱未易.地方法治建设绩效测评体系构建的实践性探索:以余杭、成都和香港等地区法治建设为例的分析[J].政治与法律,2011(1).

[106] 朱未易.地方法治建设中公民参与的法理分析与制度进路[J].南京社会科学,2010(10).

[107] 朱振.权利与自主性:探寻权利优先性的一种道德基础[J].华东政法大学学报,2016(3).

[108] 章友德,张伟.论依法行政的评估主体选择[J].五邑大学学报(社会科学版),2010(2).

[109] 赵宇光.社会管理评价及法治指数权重确定的新方法:积木权重法[J].管理观察,2012(7).

[110] 郑智航.中国量化法治实践中的指数设计:以法治政府指数与司法公正指数的比较为中心[J].法学家,2014(6).

[111] 郑志龙.政府绩效评估的制度基础[J].河南社会科学,2007(6).

后 记

回顾硕士及博士期间的科研实践,与第三方评估是最有渊源的。2010年在硕导朱眉华教授的带领下首次接触了第三方评估项目——"H市智障服务机构的五年发展成就与困境评估",并基于该实践课题延伸学术研究,完成了硕士学位论文。2012年9月有幸跟随李瑜青教授继续进行博士深造,并在他的指导下参与了三次依法治区的评估工作、两次立法后评估、一次市级的依法行政评估以及两次司法系统的第三方评估等。在这些形形色色、对象各异的第三方评估历练中,我逐渐熟悉了第三方评估的技术与流程,也对自己的研究旨趣产生了确信,即基于法治第三方评估实践经历所积累的丰富素材开展对法治第三方评估的法律社会学实证研究。

值此论文出版之际,总结研究及结论之余,回顾四年半的读博历程,真的是感慨良多,要对太多的人说声"谢谢"。

首先,要对我最敬重的博士生导师李瑜青教授说声:"谢谢您!您辛苦了!"李老师在这四年半里对我这个资质平平的学生实在是给予了太多的照顾、宽容与培育。一再地创造机会给予锻炼,一再地指明方向催促前进。逐渐将我这个法律门外汉引进法律社会学这一迷人的天地,静待花开,云淡风轻。每当我对自己没有信心时,总又恰巧地从李老师那儿听到了肯定的话语,从与李老师的交流中我深刻感受到了学者的风度。而除了日常交流,李老师所给予学生的最重要的教育方式便是"身教"。周末都坚持来学校攻学术,寒暑假大部分时间都在办公室继续研究,承办大型国内外学术交流会议都事无巨细、亲力亲为。无论是直接的接触也好,还是间接的感触也罢,与恩师交往的点点滴滴在我的脑海中泛起了涟漪,甚至不免有些羞愧自己的偷懒。但是更多的还是感恩,感恩有您,在我的心中树起了一盏明灯,让我争做一名法律社会学研究者!

其二,必须感谢一下我的师母庞小玲老师,从庞老师的身上我看到了妻子的伟大、母亲的聪慧、祖母的豁达,与她的交流虽不频繁、次数也有限,但我每次都能被她的力量与气场所感染。每次与她交流之后都是被理解、被支持的欢快感,令我心情美丽激昂地继续往前进。师母,感谢您一如既往的支持,您是我人生的榜样。

其三,要感谢我的家庭,我的先生,我的女儿,我的爸爸妈妈,我的公公婆婆,每一位都是我的忠实的支持者,感谢你们。我的先生杨杰老师是一位非常顾家的好丈夫,一路支持着我、陪伴着我、开导着我。爸爸妈妈都会在我需要时无条件、无二话地来沪帮忙,爸爸为此曾辞职,妈妈则需要忍受随时可能发作的病痛。公公婆婆也是一到寒暑假便尽心尽力地照顾孩子,为了我们的小家庭出钱出力。所以在大家的分担中,我能抽出精力学习、研究、实践。我是幸运的,我是幸福的,我能够顺利毕业,少不了亲人的大力支持。而女儿的聪慧、贴心则是我挥散心中阴霾的最佳武器,也是我奋力向前的最强动力。为了不负众望,我将继续努力,踏上新的征程!

其四,我要感谢我所有的同门师兄弟以及同届的同学。在李老师门下四年半,到现在我已然成了一名迎来送往的老生,与大家一起聆听过导师的教诲、一起分享交流过学习心得、一起完成过课题、一起组织过参加过学术会议,每一个人身上都发出闪光点。张建师兄的勤奋刻苦,王君磊师弟的一丝不苟,崔博师妹的心思细腻,李思豫的低调沉稳,夏伟师弟的心智笃定,还有太多太多……不一一列举的师兄师弟师妹,现在都已奔赴各行各业贡献社会。还有我同届的同学徐丽娜、章淼榕、刘晓梅、辛甜、陆文荣、杨君,等等,你们都曾对我的博士课题提出过不少有益的想法,推动了我的进一步思考和完善。在此,深表谢意!

其五,我要感谢所有配合我的研究的、我的访谈对象们。没有他们的开怀畅言,我便是"巧妇难为无米之炊"!没有他们的真心配合,我便只能做一个粗浅的旁观者。而他们的评论甚至是批判,是我印证并解答实践困惑的真实依据,也是回应理论研究问题的现实根源。

最后,于公于私都需要感谢上海杉达学院及管理学院的诸位领导、同事,谢谢你们的理解和支持!

路曼曼其修远兮,吾将上下而求索!

张 玲
于杨浦新居
2019 年 9 月 22 日